삶으로의 초대

삶으로의 초대

1쇄 찍음 / 2007년 8월 1일
1쇄 펴냄 / 2007년 8월 5일

지은이 / 김홍선
펴낸이 / 김태봉
편　집 / 황은진, 김주영, 정종해
영　업 / 박상필, 김미란, 이준혁
등　록 / 제5-213호
펴낸곳 / 한솜미디어
주소 / (우143-200) 서울시 광진구 구의동 243-22
전화 / (02)454-0492, 팩시밀리 (02)454-0493
HomePage http://hansom.co.kr
E-mail hansom@hansom.co.kr

값 9,000원

ISBN 978-89-5959-114-5 03810

삶의 지혜, 그리고 세상 사는 이야기

삶으로의 초대

김홍선 지음

한솜미디어

◆마음으로 본 세상 사는 이야기

"무거운 짐을 내려놓으세요."

'청춘수사(青春受謝)'라 했다.

청춘 만물이 푸른 봄이라는 뜻이다. 그러나 청춘은 인간의 어느 한 기간을 말하는 것이 아니라 마음의 상태를 말하는 것이 옳다고 보아야 맞는 말이다.

"나도 마음만큼은 아직 청춘이다"라고 억지라도 부리고 싶은 심정이다.

봄은 일 년의 시작이요, 푸르름의 시작이기도 하다. 겨울이 가고 다시 봄이 오고, 또 가는가 했더니…,

다시 찾아오는 계절의 변화란 막을 길이 없다.

해동을 알리는 봄비가 자주 내린다. 봄비는 내릴 때마다 기온이 따뜻해진다고 한다. 금년은 유난히 봄비가 잦은 것 같다.

봄은 청춘이란 말과 같다. 청춘예찬이란 글이 그렇게 오랜 세월을 잊고 살았는데도 머리에서 기억되니, '청춘!' 이는 듣기만 하여도 가슴이 설레는 말인 것 같다.

청춘! 너의 두 손을 가슴에 대고 물방아 같은 심장의 고동을 들어보라 했던가. 그런데 그 힘이 없어졌다. 역사를 꾸며 내려온 동력도, 이성도, 투명하고 얼음 같아야 하거늘, 다 녹아내린 아이스크림 같다고나 할까.

날카로운 지혜도 사라지고 쓸쓸함 뿐이다.

지금은 꽃도 피고 새가 우는 계절이다. 그러나 생명을 불어넣는 따뜻한 봄바람이지만 나는 피 끓는 청춘도 아니고, 사랑의 풀이 돋거나 이상의 꽃도 피지 않으니, 열락(悅樂)의 새도 울지 않는다.

내 어린 청춘일 때 그렇게 열망하여 외우던 글귀를 지금 더듬어 가고 있으려니 참으로 쓸쓸하여 남는 것은 영락(零落)과 부패뿐이다.

천자만홍(千紫萬紅)은 어디로 갔는가.

석가(釋迦)는 무엇을 위하여 설산(雪山)을 고행했으며 예수는 무엇을 위하여 광야를 방황했는가. 공자는 무엇을 위하여 천하를 철환(撤還)하였는가.

내 유소년(幼少年)에 읽었던, 그 청춘의 황금시대에 철환천하(撤還天下) 수레를 타고 온 세상을 돌아다님이다.

참으로 좋은 글이기에 기억에서 지우려 해도 되살아난다. 그래도 황금시기의 추억, 오랫동안 붙잡아 두기 위해 오늘도 옛 일을 더듬어 이 글을 쓰니 스스로 고무적(鼓舞的)이라고 할까.

힘을 내자.

자신을 격려하고, 용기를 갖자고 다짐하며 산다는 것은 모두에게 즐거움을 주는 것이다. 황금 돼지해에….

자연과 인간을 생각하는 자연인 김 홍 선

☼ 鮮日 개발의 나라 enghsk@hanmail.net

머 리 말

낙서(落書)한 글자가 안쓰러워 살을 붙이다보니, 너무 허전하고 민망스러워 옷을 만들어 입히기로 했다.

그러나 내가 아는 것이 너무 적어서 버려진 옷가지들을 여기저기서 주워다 내가 쓴 낙서에다 입히니 잘 맞지 않아 우스꽝스럽기도 하다.

주인이 있는지 없는지도 알 수 없지만 버려지면 아까운 것들이니 그래도 고맙다. 주인이 있는 옷도 나누어 입기를 원하는 것도 있겠고, 누가 주인지도 알 수 없이 버려진 것들도 있을 것이다.

그럴 때마다 "어디에 나오는 말씀이다, 이런 말도 있다"라고 표현할 수밖에 없어 송구하나, 그런 글귀들이 너무나 좋고 그들의 뜻을 기리는 마음에서 응용한 것이지 내 것이 아님을 안다.

이렇게 낙서들을 정리하다보니 2권의 책이 되었고, 3권을 만들어 보려고 필을 들었다.

날마다 배달되는 신문 사이에 끼어 배달되는 전단광고지나 대문이며 벽에 마구잡이로 붙여지는 광고지들은 참으로 어지럽다.

그러나 달력의 이면지와 같은 크기는 아니지만 나에게는 좋은 친구들이다.

거기에다 다 쓰지도 않은 채 굴러다니는 필기구들, 볼펜이든 사인펜이든, 선전용으로 나눠준 펜이든, 이런 것들이 있는 한 머릿속에서 떠오르거나 그때그때 느끼는 대로 적어갈 것이다.

적토성산(積土成山)이라 했다. 티끌 모아 태산과 같다는 말이다. 그 티끌이 쌓여 3권을 만들어 갈 것이다.

한단지보(邯鄲之步)라 했다. 함부로 남의 흉내를 내다보면 내 본분을 잃어버리고 만다는 말이 있듯이, 남들이 글을 쓴다고 하니까 내 실력이나 능력은 고려치 않고 흉내 내려고 하다보니, 졸작도 아닌 그저 낙서가 되고 말 것 같아 걱정이다.

남들이 장보러 간다고 하니까 할 일도 다들 팽개치고 씨오쟁이 지고 나선다는 우리 속담이 생각난다. 남들이 한다고 그것이 좋아 보이기에 주관 없이 무작정 따라한다는 것은 오히려 웃음거리일 것이다.

그래도 웃는다는 것은 화를 내는 것보다 낫지 않을까.

포복절도(抱腹絶倒), 배를 쓸어안고 몸을 가누지 못할 정도로 대굴대굴 구르며 웃는 것을 말한다. 그런 웃음을 웃어본 적이 언제인가 기억도 없다.

코미디 같은 인생, 그것이 좋은 것인가 아니면 안이한 것인가? 과거에 우리는 비극적인 것을 즐긴 것으로 안다.

영화나 연극도 "눈물의 주옥편" 하며 선전하는 문구들이 많이

나돌았다. 처음부터 끝까지 눈물바다….

그러나 그것을 좋아하던 지나간 세월은 이제 청산하자. 가식적이고 허구에 가득 찬 그런 말 따위는 이제는 천박하다.

신호등 따라 오다보니 1권에서는 넋두리를 했다. 2권에서는 방황도 했다. 그러다 보니 이런 것들이 집착하는 마음에서 오는 것임을 알았다. 그 집착인 욕심을 버리니 세상이 바로 보인다는 것을 깨달았다.

연꽃같이 깨끗하고 화롯불같이 따스한 것을 그리워함도 과욕에서 오는 것이기에 신호등 3권에서는 가식(假飾)없이 평범한 그런 삶을 쓰려고 한다.

배를 쥐고 웃을 수 있는 요절복통(腰絶腹痛), 박장대소(拍掌大笑)하는 그런 날을 기대하며 세상사는 이야기를 하려고 한다.

- ☼鮮日 개발의 나라 김홍선

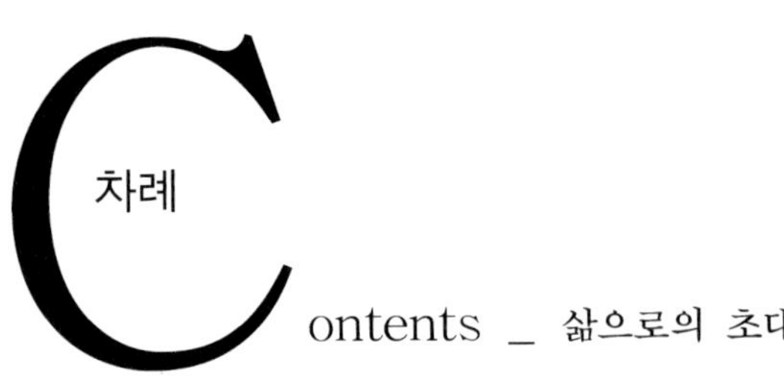
차례
ontents _ 삶으로의 초대

무거운 짐을 내려놓으세요!

내 인생의 여로는
내가 결정하여
내가 조정하는 대로 흘러갈 것이다.
현대적인 감각(Modern)으로
강하고(Strong), 깔끔하며(Simple), 활동적인(Sporty)
삶을 살자.

인생여로(人生旅路)

넋두리도 하고 방황도 해보았다. 그러나 아무 소용도 없이 아까운 시간만 허비하고 남은 것은 지치고 피곤함 뿐이다.

이런 어리석은 것들은 나를 힘들고 피곤하게 하고 비참하게 할 뿐이다. 억지로라도 고고(孤高)한 척하자.

자연과 인간을 생각하는 자연인이 되어 자연스럽게 지나간 세상사는 이야기를 하자. 인생은 여로(旅路)라고도 한다. 그러니 세상 사는 이야기 속으로 여행(旅行)을 떠나자. 떠나기 전에 여행이라는 어원(語源)부터 알아보자.

인간은 생물학적 분류로 보면 동물(動物)계에 속한다.

살기 위해 혹은 욕구를 충족시키기 위해 끊임없이 움직여야 했을 것이다. 정착하여 살다가도 변화가 생기면 필요한 것을 찾아 이동했다가 다시 돌아오는 행위를 여행이라 치자.

이를 한자로 풀이하면 여(旅)는 군사 1대(隊)가 동아리를 이룬 무리, 사람이 어떤 방향으로 움직이는 것을 뜻한다. 늘어선 줄이다.

일본어의 어원은 '다베(받자와 주십시오)'라고 하며 '다비(多比)' 혹은 '다비(多秕)'라고도 하여 "많은 문물을 만나게 된다. 혹은 많은 사람과 만나게 되어 비교하고 알게 된다"의 뜻으로 해석하기도 한다.

또 다른 목적으로 다른 곳의 친척이나 친구를 만나기 위해 집을 떠나는 것을 의미하기도 한다. "다른 곳에서 시간을 보내는 것", 그래서 일본에서는 여행을 "풀로 베개 삼고 노숙(露宿)으로 고생하는 고독한 것"을 여행으로 생각한다.

영어의 어원 'Travel'은 먼 곳을 여행한다는 말 외에 '간다(Go), 행진한다' 등을 의미하며 고생, 걱정, 고됨(Trouble, toil), 고통, 힘듦으로 이해하면 되리라.

고대 중국 주나라에서는 500여 명의 군대를 일여(一旅)라 하여 현대의 여단(旅團), 지금의 연대나 2개 대대 이상을 가진 부대규모의 병사를 일컫는 말로 '깃발(旗) 밑에 모여 있는 사람'을 뜻한다. 즉, 깃발을 앞세우고 일정한 방향으로 움직이는 행위를 여행이라 했다.

옛날에는 도적이나 약탈자들로부터 집단을 보호하려고 만들어진 '상단(商團)'은 재물을 호송할 때 집단을 이루는 무리들, 혹은 단체를 뜻하기도 했다.

이들 무리의 이동은 욕구를 위함이다.

풍찬노숙(風餐露宿)이라는 말을 자주 쓴다.

바람과 이슬을 무릅쓰고 한데서 먹고 자는 것을 말하지만, 이는 큰일을 이루고자 고초를 겪는 것을 말한다.

인간의 욕구(欲求)란 무엇인가. 결핍(缺乏)을 느끼는 상태를 말한다. 사람은 매우 복잡한 구조를 가지고 산다. 다양(多樣)한 기본적 요구를 가지고 있는데, 이는 먹고사는 단순한 것 외에 안전하고 편안함, 그리고 생리적인 욕구, 소속감, 애정 등 사회구조적 자존심과 자기 자신의 우월감을 표출하려는 개인적인 욕구가 있다.

이러한 기본적인 욕구의 자극에 의하여 일어나는 충동의 행위, 내부에서 일어나는 자연발생의 알 수 없는 하고픔의 행위로서 그 욕구를 만족시키지 못하면 불행하다. 짜증스럽고 지루함을 느끼는 것이다. 그러니 이를 해소시키려는 욕망과 충족시키려는 방법을 찾아 욕구가 소멸될 때까지 헤매게 된다.

그 헤매는 것이 여행이라 생각하는 것이 내가 정의하는 여행이며 여행의 전부인 것 같다. 그래서 휴가를 내어 여행도 떠난다. 휴가(休暇)는 나무(木)에 기대어 서 있는 사람(人)을 나타낸다. 열심히 일을 하다 잠시 나무 그늘에서 쉬는 사람을 표현하는 것이다. 가(暇)는 날일(日)과 빌리는 가(叚)를 나타낸다. 근무를 해야 하는 날이지만 사정상 일을 하지 않고 틈을 내어서 여유 있게 지내는 것이라고 풀이하자.

그래서 휴가를 낸다 하면 일을 계속하다가 잠시 쉬기 위해서 만든 틈을 말한다.

인간의 이동은 여러 형태의 무리를 이룬 이동과 동시에 자신의 거주지로 꼭 돌아오는 행위를 말하지만 사람이나 동물들의 회귀본능(回歸本能)과 같은 자연의 섭리에 의하여 이동하는 것을 다 여행이라고 하지 않는다.

귀소본능(歸巢本能)은 인간도 가지고 있다.

동물이나 새들이 서식지(棲息地) 즉, 자기가 태어난 산란(産卵)의 고장으로 돌아오려는 성질을 말한다. 이런 이동도 이주(移住)나 이민(移民), 그리고 업무상 이동하는 것은 여행이 아니다.

이동하는 업무에 종사하는 사람도 주말이나 휴일에는 가족이나 혹은 혼자라도 자연을 찾아 새로운 경험이나 자신만의 이색적(異色的) 경험을 즐긴다. 자기의 가치관이랄까, 그런 욕구를 충족시키려고 주어진 생활권을 벗어나 새로운 환경, 그리고 색다른 세계를 찾아 이동하는 것이 여행이라 하면 억측일지 모르지만 이동하는 것이 직업인 사람도 욕구를 찾아 움직이는 것은 아무런 거부반응도 없이 즐거운 마음으로 출발한다.

여행은 망명자가 아니라도 피치 못할 사정으로 잠시 혹은 장기간 귀가 시각이 정해지지 않은 그런 이동을 유랑(流浪)이라고 한다.

여행은 자유롭고 자연스러운 상태에서 이루어지는, 목적이 있어도 꼭 그것이 이루어지지 않아도 과히 서운치 않고, 피곤하고 힘들어도 "구경 한 번 잘 했네!" 하는 그런 이동이어야 한다.

인생은 여로(旅路)라 했다. 그 말이 맞는 것 같다.

영어의 Travel은 여행하다, 애써서 가다. Trip은 경쾌한 걸음걸이라고도 표현한다.

이런 고달프고 때로는 경쾌하기도 한 길이지만 나는 아내와 함께 45년도 더 걸어왔다.

부모의 보살핌으로 슬하에서 25년을 살다가 결혼이라는 굴레 속에서 우리는 고달프고 힘겨운 길을 걸었다.

그러나 약속대로 검은머리 파뿌리 되고 괴롭거나 즐겁거나 같은 길을 걸어왔으며, 앞으로도 같은 길을 갈 것이다.

그 길이 나의 인생여로의 시작과 끝이 될 것이다. 남은 여로는 보이지 않으니 짜증스런 길인지 어떤지 알 수는 없지만 과거 그랬듯이 짜증나고 힘겨운 길이라도 넋두리할 상대가 있고 잔소리할 아내가 있으니, 이 또한 우리들에게는 삶의 보람이라 여기고 걸어갈 것이다.

늘 그랬듯이 만만한 것이 부부 사이이다. 나는 1권 '신호등'과 2권 '집착을 버리면 세상이 보인다' 두 권의 책을 내놓고 다시 필을 들어 3권 '삶으로의 초대'라 쓰고 보니, 지나온 길들은 더듬어 생각이 나지만 앞길은 감을 잡을 수가 없다.

지나온 과거는 좋은 일이든 나쁜 일이든 누구를 탓하지도 비교하지도 않았다. 다만 만만한 것이 아내인지라, 모든 것을 아내에게 비유하면서도 아내를 무척 아끼고 사랑하는 척 과시도 해보았다.

정말 미안하다. 만만하고 무시해서가 아니다. 미덥기도 하고, 그것도 아니면 내 넋두리를 받아줄 사람은 이 세상에 아무도 없기 때문일 것이다.

그 소중한 내 인생여로의 영원한 동반자가 매일 아파한다. 그러나 가슴이 아파도 방법이 없다. 그런 아내와 머지않아 우리들의 금혼식이 될 것 같다. 결혼기념일도 챙기지 못하고 살았는데 금혼식이면 무얼 하겠는가.

결혼도 중요하지만 백년해로라 하여 같이 행복하게 오래도록 잘 사는 것이 더 중요하다.

그래서 오래도록 같이 잘 살라는 의미로 생겨난 말들을 적어보자.

금혼식(金婚式), 결혼 후 50년이 되는 해이다. 아직 3년이 남았다. 결혼기념일도 늘 잊고 살았으니 이 날은 꼭 잊지 말자.

결혼 5년을 '목(木)혼식'이라 하여 나무에 비교했고, 10년을 '석(錫)혼식' 이는 주석이라는 광물이다. 15년은 '동(銅)혼식' 혹은 '수정(水晶)혼식'이라고도 한다.

20년은 '도혼(陶婚)식', 그리고 25년이 되면 '은혼(銀婚)식'이다. 다음 30년을 '진주(眞珠)혼식'이라 하며, 35년을 '산호(珊瑚)혼식', 40년은 '녹옥(祿玉)혼식'이며, 45년을 '홍옥(紅玉)혼식'이라 하고, 결혼 50주년을 '금(金)혼식'이라 하여 귀한 황금처럼 아주 오래도록 잘 살아온 행복한 결혼생활이라 여겼다.

이 밖에 60이상 75주년을 '금강석(金剛石)'에 비유하는 서양의 격식이 있지만 우리의 수명이란 아무도 모르니 금강석은 바랄 수 없지만 장수 그것이 허락한다면 누리고 싶은 것이 늙어 가는 부부의 심정이랄까. 닭살 부부로 살았지만 늙어가니 외롭고 이해해 줄 사이는 부부뿐이라는 현실 앞에 '그저 당신만은….' 하는 마지막 하나의 희망 때문이다.

속담에 이런 말이 생각난다. 일색은 소박을 맞지만 박색은 아주 오래 행복하게 산다고 한다. 행복하지 않은 과거라 생각하지만 남들이 행복하다 여기고 부러워하니 더 이상 바랄 것이 없다.

정이란 참으로 묘한 것이다. 그렇게 많은 세월을 보내는데도 변하지 않고 넘치지도 모자라지도 않고 같은 생각으로 금혼식을 기다린다.

남남으로 만나서 동고동락(同苦同樂)하며 억지로라도 잘 살려는 부부가 과거에는 많은 것으로 알았는데, 요즘 목혼식도 채 못 채우는 커플들은 "정신 좀 차려야 할 것 같다"라는 내 생각이 고루하다 들린다면 어찌하나.

Golden Wedding, 서양에서도 동고동락 오래 사는 부부가 행복한 것인 줄 알기에 이런 단어가 생긴 것을 우리는 알아야 할 것 같다.

약방(藥房)에 감초(甘草)

약방에 감초라고 써 놓고 보니 생각나는 것이 너무나 많다. 감초는 한약방에서는 빼놓을 수 없는 약제이며 모르는 사람이 없을 것이다.

감미(甘味) 성분이 들어있는 요즈음 말로 풀이하면 포도당, 능금산, 아스파라긴 등이 함유된 약초로 약리작용은 진경, 거담, 진해, 진통완화, 해독작용에 쓰이는 게 약방의 감초이다.

이런 감초가 내가 지어서 부르는 아내의 별명이다.

우리 집 감초이기에 끼어들지 않는 곳이 없다. 모든 일에 참견하고 결정하려 한다. 가족 누구의 의견이나 결정도 소용없다. 모든 일을 결정하기보다는 참견하고 난 후에야 속이 풀리는 성격이니 당연히 약방의 감초 격이다.

아내의 별명도 수시로 변한다. 처음에는 '꿀물'이라 했다. 술을 과음한 다음날 아내가 타다 주는 꿀물, 시원한 보리차에 약하게 타다 주는 그 향긋하고 달콤하고 시원한 그 꿀물이 내가 지어서 부르던 아내의 별명이다. 그 별명이 언젠가는 '덩어리'로 변했다.

"덩어리? 무슨 덩어리?"하고 반문하리라. 허나 많은 뜻을 가지고 있다. 복덩어리, 그리고 병덩어리, 골칫덩어리….

그래도 암(癌)덩어리가 아니니 다행이다. 요사이는 꿀물도 아니고 덩어리도 아니고 '홍어젓'이다. 삭힌 홍어, 만만한 홍어젓 말이다.

홍어는 입춘 전후에 먹는 것이 가장 좋다고 한다. 그냥 먹어도 좋지만 살짝 삭혀서 요리하면 또 다른 맛이 난다.

그렇게 삭힌 홍어 젓은 질소화합물인 암모니아의 강한 자극으로 맛과 냄새가 강한 알칼리성이기에 술안주로 그만이다. 또 술 이야기가 나오니 역시 내가 술꾼인 것 같다. 삭힌 홍어와 술을 마시면 이튿날 속쓰림이 없다. 또 기관지에 좋은 식품이라 하여 즐긴다. 장을 깨끗하게 하고 밥맛을 돋우는 만만한 그것이 아내의 별명으로 내가 지금 사용하는 이름이다.

이렇게 내 기분대로 수시로 변하는 별명에도 불평 없이 "홍어!" 하고 부르면 알아듣고, 외면도 거부도 않고 대답을 하니 참으로 고마운 사람이다. 그러나 힘들게 할 때가 많아도 싫어할 수 없으니 다시 '꿀물'로 부를까 한다.

"밀수(蜜水, 꿀물) 먹고 황련(黃連, 쓰디쓴 한약)의 쓴맛을 안다"는 속담도 있다. 해석도 각각일 수 있지만, 아침 공복에 커피는 해롭다면서 타다 주는 꿀물은 힘든 날들을 많이 편하게 해 준 달콤하고 시원한 청량제이기에 다시 부를 수밖에 없는 마지막 별명이다.

포복절도(抱腹絶倒)

이 말은 배를 안고 몸을 가누지 못할 정도로 대굴대굴 구르며 웃는 것을 말한다.

박장대소(拍掌大笑)나 요절복통(腰折腹痛)과 같은 말들은 신체적인 것에 비유하여 손뼉을 치며 큰소리로 웃는다든지, 허리가 구부러질 정도이고 창자가 뒤엉켜 아플 정도의 그런 우스운 일들을 말한다.

오장육부(五臟六腑)를 구성하고 있는 한의학적으로 내장을 통틀어 말한다. 오장은 간장, 심장, 비장, 폐장, 신장이고, 육부는 대장, 소장, 쓸개, 위, 삼초(三焦), 방광 등을 말한다. 장(臟)은 내부가 충실한 것, 부(腑)는 반대로 공허한 기관을 가리킨다.

삼초(三焦)는 해부학적으로 기관은 아니며 상초, 중초, 하초로 나뉘어 각각 호흡기관, 소화기관, 비뇨기관을 가리킨다. 옛날에는 오장육부(五藏六府)라 했으나 후세에 육월편(肉月偏)을 붙여서 오장육부(五臟六腑)라고 썼다. 장(藏)과 부(府)는 창고를 뜻한다. 이렇게 배치된 오장육부를 움직여 주는 운동을 요절복통이라는 일들로 정기적으로 움직여줌으로써 입으로 들어가는 음식물은 위가 실(건강하고 차있어야)하고, 장이 허(약하고 비어 있어)해지면 음식물이 내려가며, 장이 실하고 위가 허해진다. 그래서 이런 반복이 "실해서 차지 않고 차서 실하지 않는다"라고 하였다. 또 이는 오행(五行)에 맞추어 동양적 자연철학으로 기능적인 상관관계로 설명하고 보통 뱃속, 마음속, 몸속 등의 뜻으로 쓰인다.

스트레스(Stress), 사람들은 예나 지금이나 사회 여건상 마음에 항상 부담을 안고 산다. 사람들이 살아가고 있는 한 스트레스라는 위협에서 자유스러울 수는 없다.

아주 옛날 원시인에게도 스트레스라는 것이 있었을 것이다. 그러나 그것이 문명이 발달하고 인간사회가 복잡해질수록 양적, 질적으로 더욱 심각해졌을 뿐이리라.

이런 스트레스라는 것들이 우리를 끊임없이 자극하고 괴롭히고 있는 것이다. 어느 정도의 차이는 있겠지만 욕심이 많은 사람은 자기 욕망 때문에 스트레스를 받게 될 것이다. 명예나 출세욕이 강한 삶은 자기의 무능이나 열등감 때문이다. 건강이 좋지 않은 사람은 자기의 질환이나 허약함 때문에 항상 마음의 부담이 되고, 그것이 괴로움이 되면 그것이 스트레스라는 것이다. 지구상의 모든 인간이나 생명체를 가진 것이라면 자기에게 방해되는 것이 있으면 거부반응을 일으킬 것이다.

이런 현상은 식물에게도 예외는 아니다. 그늘진 곳에서 자라는 식물들도 햇빛을 찾아 뻗어나갈 것이며 장해물이 있으면 돌아서라도 가려고 하다가 구부러지고 뒤틀려서 제대로 성장할 수 없게 되는데 이런 현상을 노이로제라 한다. 신경변화는 신경적 변화를 일으킨다는 말이다.

신경증(神經症)이라는 것은 불쾌감, 불안함 등으로 인해 마음에 부담을 주어 심리적 쇼크, 정신적인 갈등에 의하여 뇌에 변화가 일어나는 것이다. 정신적으로 신체적으로 증상이 나타나는 질환으로 주로 두통, 가슴 두근거림, 불면 따위의 증상이 나타나며, 불안 신경증, 히스테리, 강박 신경증, 공포증, 망상 반응 따위가 있다.

다만 많은 인생을 살면서 심리적 갈등이나 생활 속에서 희망, 야심, 질투, 실망, 좌절 등이 신경증이라 하고 불안, 초조, 공포, 강박감, 우울증 등 좋지 못한 것들을 다 기록해 보자. 흔히들 불면증, 두통, 호흡, 곤란, 변비 등 말할 수 없는 것들이 만병의 근원이 되는 것이 아닌가 한다. 그러나 이런 이유도 없이 우울하고 고독하다고나 할까, 그저 귀찮은 생각에 혼자 있고 싶을 때가 있다. 하지만 외로운 것을 좋아할 사람은 누구도 없을 것이다.

그런데 왜 외로움을 자초하는 것일까. 이런 심적인 변화는 왜 생기는 것일까. 남이 나를 좋아하고 존경한다면 우월감이 생기고,

반대로 싫어하고 귀찮은 존재로 피한다면 열등감이 생기게 된다.

잘나면 얼마나 잘났고 못나면 또 얼마나 못났단 말인가. 흔히들 인사말 서두에 "다사다난한 한 해도 대과(大過) 없이 보낸 것은 여러분의 아낌없는 보살핌이라 생각하며" 하는 입에 발린 인사말 따위는 할 줄도 모른다. 그런 말을 들을 때는 거부반응을 일으키는 나는 그들과 같이 겉치레만 번지르르한 "여러분도 아시는 바와 같이"하며 얼버무리는 평범한 사람이 못 되기에 그들을 경계해서일까. 아니면 특출해 보이려는 욕구에서일까.

나는 모자라지 않게 태어나서 많이 모자라게 살아온 것 같다. 우월감도 열등감도 없이 그저 평범한 삶을 살면 그것이 낙(樂)이련만…, 평범한 삶이 아닌 것 같아 늘 아쉬우니 그것이 나를 짓누르는 고독이며 쓸쓸함인 것 같다.

세상에서 가장 행복한 시간을 이야기할 때, "푸른 잔디밭에 누워 흰 구름 뭉게뭉게 떠가는 하늘을 쳐다보던 지난 어린 시절, 맨발로 부드러운 잔디를 밟고 거닐던 그런 꿈을 꿀 때의 행복…", 그런 것을 바라는 것이 아니겠는가.

인생여로도 막바지인 것 같다. 귀소든 귀환이든 고향땅에 머무를 수 있으니 다행이라 생각하고, 외국여행은 자제하고 국내여행(Domestic Tour)으로 가보지 못한 산하를 두루 돌아볼까 한다. 우리 주위에도 좋은 곳이 많다. 여행은 무에서 유를 창조한다고 한다. 거창하게 국내를 유람(遊覽)이라 할 수는 없어도 경치나 풍경도 구경하고, 새로운 사람도 만나게 될 것 같으니 기대하고 마음의 여행을 떠나자.

관광여행(觀光旅行)

관광여행을 떠나자고 하면 누구나 즐거울 것이다. 그 즐거움 속에는 힘겹고 위험도 따르게 된다. 그러나 다들 즐거움이 있음을 알기에 힘겨움을 감수하고 말없이 동참한다. 한편으로는 그 무엇인가를 기대하지만 왜 가는지 설명하기 어렵다.

등산이라는 것도 힘이 든다. 알면서도 오른다. 그 산을 오르는 이유도 각각일 것이다. 건강해지고파, 공기 좋은 곳에서 운동으로, 아니면 산이 좋아 산수를 즐기려고, 자연과 나, 그리고 자연과 사람, 이같이 존재한다는 그것을 확인하려고….

우주와 인간, 자연과 사람, 그것은 몰라도 그저 자연이라는 때가 묻지 않은 그런 자연 상태인 것이 좋아서, 그 가운데서 얻어지는 건강이라는 것을 보상받을 수 있다는 확신이 있기에 힘든 그것쯤은 무상, 그것도 봉사할 수 있으리라 여기고 있다.

관광여행의 정의를 내려본다면 내가 보지 못한 것들이 궁금하여 그 빛을 보려고 떠도는 것이랄까?

관국지광(觀國之光), 이용빈우왕(利用賓于王)이라는 말은 주역의 관괘(觀卦)에 있는 말이다. "나라의 빛을 본다"는 뜻으로 처음 사용되었다고 한다. 관국지광(觀國之光)의 준말이 관광이다.

"타국의 광화(光華)를 보는 것은 왕에게 이롭게 한다."

광화(光華)는 광휘(光輝)와 같은 말로써, 환하고 아름답게 빛나는 빛이란 뜻이다. 다른 나라나 지역의 발달된 풍속, 제도, 문물 등을 시찰하러 간다. 다른 나라나 지역의 새로운 문화와 문명을 보러 간다는 뜻이 관광이다.

현대는 관광사업으로 얻어지는 수입을 황금알을 낳는 거위라 할 정도로 최고의 부가가치를 얻을 수 있는 사업이라 한다. 21세기의 유망직종 3가지를 말하라면 이중에 관광사업이 들어갈 정도라 할 것이다.

이를 3T라 한다. 첫째가 운송산업(Transportation), 둘째, 통신 산업(Tele-communication), 셋째, 관광산업(Tourism)이다.

이런 관광여행(Tour)은 회전하는 도구, 컴퍼스, 도르래 같은 뜻을 가지고 있다. 그래서 유람(遊覽)여행의 말로 사용하고 있는 것 같다.

관광지광 상빈야(觀光之光 尙賓也), 나라의 빛을 보게 할 수 있는 것은 손님을 항상 존중하는 마음을 가지고 대하라는 뜻이다. 예나 지금이나 관광사업을 중요시하는 이유는 천혜의 자연을 이용해서 받아들이는 수입이다.

그것은 끌어들이는(In-bound)것이고, 나가는(Out-bound) 것은 국익에 도움이 안 된다는 것을 의미하는 것이다.

여행이라는 상품도 3가지인 것이다. 끌어들이고, 나가고, 그리고 국내만을 도는 것으로 볼 때 상빈(尙賓), 이는 찾아오는 손님이라 풀이하여 끌어들이는 객을 말하는 것이니, 손님은 왕이라는 말이 실감난다 함을 이해할 수 있다.

여가(餘暇), 평온한 마음으로 아무것도 하지 않는 정지상태의 평화로운 상태를 포함한 시간적 공간이라 하자.

여가(Leisure)란 생계를 위한 필요성이나 의무가 따르지 않고 스스로 만족을 얻기 위한 자유로운 활동으로서 활동을 행하는 일 자체가 목적이다.

노동시간은 인간이 사회적 존재가 되기 위하여 최소한으로 필요한 시간이란 뜻에서 '사회적 구속시간'이라 할 수 있다.

그 구속시간을 제외한 시간이 자유시간(自由時間)인데 짬이나 틈이 있는 나만의 시간을 말하며, 자유재량의 시간, 생리적으로 필요한 최소한의 필수시간 등의 그러한 여가가 필요하다.

레크리에이션(Recreation)은 회복재생, 휴양과 양보, 기분전환, 오락도 있는 그런 시간과 놀이이다. 활력을 재충전할 수 있고, 노래와 오락을 통틀어 즐겁게 해주는 것이다.

이것도 현대감각에 맞게 행동하도록 노력하며 놀자.

놀이(Play)는 시간의 본능적이며 무조건적인 욕구를 반영하는 행동을 말한다. 자유롭고 자발적인 행동(行動)과 시공간(視空間)의 경계가 없다. 창조적이거나 질서와 규율이 있다. 또한 불확실성이나 사회성, 상징성을 지니고 있다.

그러기에 사람이 여행하는 이유는 본능적이다.

경험을 얻으려고, 교양을 목적으로, 목적을 충족시키려고 확신과 가능성에서 여행을 택한다.

내 인생의 여로는 내가 결정하여 내가 조정하는 대로 흘러갈 것이다. 현대적인 감각(Modern)으로 강하고(Strong), 깔끔하며(Simple), 활동적인(Sporty) 삶을 살자.

그것이 소랑(昭朗), 매우 밝음이라는 표현대로 매우 밝게 웃을 수 있는 길임을 안다.

이렇게 신경 쓰고, 스트레스도 받고, 관광여행도 하고, 여가를 내어 자유시간이라는 짬도 내어 레크리에이션과 놀이도 즐기며 살다보니 머리가 백발이 되었다.

흰머리 하니 백수문이 생각난다.

백수문(白首文)

이는 천자문을 말한다. 중국 양나라 무제가 신하 주흥사(周興嗣)에게 왕희지의 글씨 가운데 천자(千字)를 뽑아 하룻밤 사이에 한편의 글을 만들라는 명을 한다.

주흥사는 황제의 노여움을 사서 죽음의 벌을 받게 되자 황제는 그의 재주가 아까워 내린 명령이다. 그래서 주흥사는 사자성구(四字成句)로 250구의 천자문을 만들어 내니, 하룻밤 사이에 머리가 하얗게 되었다 하여 천자문을 "백수문"이라고도 한다.

이 천자문에는 중국의 역사, 천문, 지리, 학문, 가축, 농사, 제사 등 삼라만상의 이치가 전부 담긴, 천지현황(天地玄黃)으로 시작하는 생명의 부모인 하늘과 땅의 본질적인 깨달음이 있는, 그것을 다시 읽어보고도 싶은 심정이다.

어려서 뜻도 모르고 달달 외던 그 천자문, 지금은 다 잊혀지고, "천지현황(天地玄黃) 삼년독(三年讀)하니, 언재호야(焉哉乎也)를 하시독(何時讀)일고"라고 하여 아주 우둔한 머리, 혹은 진도가 느려서 가망이 없는 아이를 일컫는 말로 아는 것이 전부니, 천자문 중 몇 구절밖에 생각나지 않는다.

천 개의 글자를 가지고 250구의 절묘한 글을 만들어도 중복됨이나 부족함이 없이 하고픈 말, 전할 말 다하고도 언재호야(焉哉乎也)라 끝을 맺은, 어조사 언이나, 어조사 재나, 어조사 호나, 어조사 야나, 어안이 벙벙한 어조사 어의 뜻이 어조사하다. '어찌, 처음인가? 또, 또한' 그런 의미이다.

우몽등초(愚蒙等誚), 어리석고 몽매하여 꾸짖음을 듣는다. 이 말 역시 천자문에 있는 말로 아무리 읽고 써보아도 알고자하는 의지가 없다면 글자를 그저 읽을 뿐 뜻을 깨우치지 못하니 삼 년을 읽어 뗀 천자문도 60년이 지난 지금도 그저 떠오르는 것은 음(音)뿐이고 그 속에 담긴 참뜻을 모르니, 사서삼경이 도경, 덕경 하는 경전을 들먹임은 말 같지 않은 정말로 꾸지람이 아니라 경을 칠 일이다.

언젠가 어린 손자들이 유치원에서 배운 ABC를 외우고 생일날이면 "해피 버스데이 투유!"하는 유창한 영어를 말할 때를 보며 내가 어려서 외우던 천자문이 떠오른다.

한문은 뜻이 담긴 글이기에 입으로 달달 외우는 것보다는 눈으로 보고 뜻을 이해하는 뜻이 담긴 글이다.

현재 우리글이나 영어는 보는 것보다 읽어야 그 내용을 알 수 있는 음(音)의 글이다. 배움은 말하기와 듣기, 그리고 이해하는 것이 중요하다. 자기의사를 정확히 말하고 상대의 말의 뜻을 정확히 알아들어야 하기 때문이다.

우리가 옛날에 배운 영어는 글을 읽고 뜻을 해석하는 것에 치중하다보니 일본사람이 지은 소야(小野)영문법이라는 서책을 아무리 들여다봐도 남의 글을 배우기란 천자문의 뜻도 모르고 외우는 것과 같이 배우고도 외국인과 한마디 말도 주고받을 수 없으면 그것이 바로 문맹이다.

모든 학문이나 지식은 생활 속에서 얻어야 한다. 그래서 생겨난 단어가 생활영어, 토플(TOFLE), 토익(TOEIC)이다.

토플(Test Of English as Foreign Language)은 주로 미국유학을 희망하는 외국인을 상대로 하는 어학테스트이며, 토익은 영어가 모국어가 아닌 사람들에게 언어 본래의 기능인 커뮤니케이션 능력에 중점을 두고 일상생활 또는 국제업무 등에 필요한 실용영어 능력을 평가하는 시험이다.

그리고 토셀은 특목고나 학교진학을 위한 학생들이 주로 사용하고 응시하는 시험으로 기본 공교육에 바탕을 두고 있는 EBS가 주관하고 있다.

이런 것들이 미국 ETS(Educational Testing Service)에 의해 개발된 이래 전 세계기관에서 승진 또는 해외파견, 인원선발 등을 목적으로 널리 사용되고 있다.

앞으로는 IBT(Internet Based Testing) 토플을 통해 시험을 치르는 차세대 토플이 생겨나고 있다.

그런데 이런 토플 대란이랄까, 쇼킹한 뉴스에 어안이 벙벙하다. 사이트 접속불가. ETS 토플 시험응시자들이 먹통이 된 사이트를 아무리 노크해도 묵묵부답일 뿐이다.

미국의 토플 거부로 한미교육위원단과 대행사 간에 의견이 다르니 시험을 치러야 할 수험생만 곤욕을 치르며 우왕좌왕 흔들리고 있다.

이렇게 생활에 직접적이고 꼭 필요한 학문도 이제는 배우려 해도 읽고 볼 때뿐이니 덧없는 세월이 아쉬울 뿐이다.

세상사가 알려고 하는 욕망만으로는 이룰 수가 없는 것이다. 집착도 욕망도, 그리고 노력이라는 것도 때가 지나면 자연 시들해지는 것 같다.

심동신피(心動神疲), 이 말 역시 천자문에 나오는 글이다.

마음이 흔들리면 정신이 지나친다는 말이다. 좁은 머리에 너무 많은 것을 생각하니 혼미하여 정리가 되지 않는다. 세상은 변해가고 있다. 놀라운 일, 감동할 일도 많다.

사람은 감동을 먹고 산다는 말도 있다. 필요 없는 말을 해놓고 부끄러워하고, 부끄러운 줄 알면서도 써놓고 후회하던 낙서들을 버리지 못하고 책자로 만들어 가는 나는 일시적인 심동(心動)인 마음이 움직이는 대로 신피(神疲)에 담긴 뜻대로 혼미한 상인 것 같아 심히 걱정이다.

이런 걱정거리들도 지난 회사생활 중 모 연구소에서 잠시 교육을 담당하는 직책을 맡아보고 있을 때 강의한 내용의 일부이다. 지금 주위에서 일어나는 사회적 변화에 응용하려니 문맥이 엇갈리고 깊이도 없이 생각나는 대로 적어가고 있으니, 다 옳은 말이 아닌 것만은 분명하다.

전패비휴(顚沛匪虧), 넘어지고 자빠져도 일그러져서는 안 된다는 말이다. 퇴직자란 직장에서 물러난 사람들이다.

그렇게 귀찮은 그곳이었지만 막상 물러나고 보면 그곳이 얼마나 좋은 곳이었음을 실감할 것이다. 막상 몇 날, 혹은 몇 달을 쉬고 보면 더 이상 쉰다는 것도 인간에게는 아무 의미도 보람도 없는 무의미한 하루하루이리라.

직장생활의 고달픔보다 더욱 곤욕스러운 무미한 날들, 그러니 기상시간에 변화가 생기고 불규칙한 생활을 하게 되니 몸도 마음도 일그러지게 된다.

주어진 테두리, 그 틀이 허물어지니 조롱(鳥籠) 속에 갇혀 살던 새가 그곳을 탈출하였다고 마냥 자유로울 수 없다.

내 주위 친구들도 거의 다 정년으로 여유 있는 생활을 하는 친구들이 많다. 퇴직금이라는 것으로 생활을 한다.

공직에서 평생을 일했기에 주어진 대가이다. 그 퇴직금도 과거에는 일시불로 거금을 받아 사업이라는 곳에 투자를 하다가 사회 물정도 모르는 조롱 속의 새들에겐 위험천만한 그곳에서 노리는 마수에 날려버리기 일쑤이다.

그래서 연금이라는 제도를 이용하여 여생을 월급쟁이로 살려고 한다. 모든 것에는 장단점이 있기 마련이다.

직장생활로 거금이라고는 만져보지도 못했으니 잠시라도 퇴직금이라는 거금을 쥐고 보면 뿌듯하리라.

그러나 이제는 이것 이외는 아무것도 없다는 알 수 없는 불안과 초조가 따르게 될 것이다.

그래서 연금을 택한 친구들이 많다. 그 또한 편안한 것만도 아니다. 늘 월급쟁이 테두리를 벗어나지 못한다.

시종일관(始終一貫)

시작이 있으면 끝도 있다. 시종여일 매일 처음과 같아야 한다. 좋은 시작은 끝 또한 좋아야 한다. 그러나 다 그럴 수만 없는 것이 세상사이다.

인생의 여로라는 길을 가다보면 어긋나는 것들이 너무 많다. 배움도 직장도 쉬고 건너뛰고 전전긍긍 우왕좌왕이랄까. 한곳에서 배우고 싶어도, 한 직장에서 하고픈 일을 하고 싶어도 그것이 뜻대로 되지 않는 것 같다.

직장을 할 수 없이 옮길 때마다 희망과 기대로 찬 것이 있다면 그것은 그 회사의 사무실 벽에 걸려있는 사훈에서 풍겨 나오는 이미지랄까.

참 좋은 문구이다. 맘에 든다. 이곳에서 사훈대로 일하고 가족처럼 살자는 다짐을 아마도 십여 번 이상을 겪었다.

"근면 절약 성실", "협동 창의 화합", "하면 된다", "앉은 자리의 주인이 되자", "생각하는 기업, 가족 같은 기업인" 등 그 좋은 슬로건 때문에 얼마나 감동하고 기대했던가.

사훈대로 된다면 얼마나 좋을까. 다들 나 하기 나름이라 다짐하면서 열심히 자리를 지키고 충실하게 일하는 것은 근무 대가로 월급을 받기 때문이다.

그러나 일한 대가에 못 미치는 대우를 받으면 분규가 생기게 마련이다. 처우를 개선하고 나은 대가를 원하며 회사를 비방하는 막말을 하며 "악덕기업주는 물러가라!" 하니 그 기업주가 어디로 물러가며, 설령 물러간다 치자. 그러면 누가 기업을 이끌 것인가. 회사가 싫어졌으니 내가 떠나가면 회사는 누가 일을 하겠는가.

우리속담에 절이 싫으면 중이 절을 떠날 수밖에 없다는 말이 있다. 떠나는 그 중은 어디로 가야 하나. 내가 지내던 절이 싫다고 절간에 불을 지르고 갈 수 없듯이 내가 몸담고 지내던 회사를 미워해선 안 된다.

"내가 만들고 정성들여 가꾼 기업인데, 너희들이 조금 도와주었다고 주인자리를 차지하려 하는가!"라는 이런 다툼이 끊이지 않는 것이 요즘의 기업인지… 늘 시끄럽다.

기업을 내 집같이, 종업원을 가족같이, 한 식구 같은 그런 구조의 직장을 누구나 원한다. 그 균형을 조절해 가려면 유능한 기업인, 현명한 종업원의 원만한 타협일 것 같다.

우리는 참을 만큼 참고 살아온 민족이다. 역사를 돌아보면 알 것이다. 3·1독립운동의 저력을 가진 후예(後裔)들이다. 그러니 참을 만큼 참았는데도 나아지려 하지 않고 더욱 괴롭히려 하니 더 이상 용납할 수 없었고, 그 기질이 드디어 4·19봉기로 일어났다.

급기야는 우후죽순처럼 일어남이 모든 일을 해결해 주는 것처럼 학생에서 직장으로 번져 노사가 생기고, 국가와 국민, 농·상·공 각기 자기들의 권익을 주장하는 일어남이 많으니 누가 옳고 그릇된 지 판단하기도 어렵다.

기업은 종업원을 가족처럼, 정치인은 국민을 부모자식처럼… 그것이 아쉬운 때이다.

배움은 시작이 있지만 끝은 없는 것이다. 그러나 직장은 시작이 있으면 끝이 있기 마련이고, 인생의 삶도 시작이 있으니 끝날 때가 올 것이다. 그 끝날 때가 언제인지 모르니 배움을 중지하지 말고 내 인생의 포트폴리오를 설계하자.

포트폴리오(Portfolio)

'서류가방, 자료수집철'을 뜻하며, 사진에서 포트폴리오란 특정한 주제를 가지고 자신의 사진작업을 보여주기 위한 '사진 묶음'을 의미하기도 한다.

예를 들어 최근 몇 년 동안 예술계의 중요한 이슈(Issue)나 뜻밖의 일이 일어나고 있는 '일상'을 주제로 자기 주변을 주관적 시각의 일상에 관한 하나의 사진을 포트폴리오라 할 수 있다. 무엇 무엇에 관한 다큐멘터리 사진작업을 하는 경우를 말하고, 흔히들 포트폴리오 디자이너들이 자기 작품을 묶어 놓은 것을 말한다.

기초의 작품부터 비교해 본다면 본인의 발전과정을 알게 된다. 요즘은 이력서를 제출할 때 포트폴리오를 작성하여 제출하라는 제안을 요구하기도 한다.

경제 분야 주식용어로서의 포트폴리오는 우리가 알고 있는 용어와 조금 다른 의미이다. 수행평가 방식으로 교육적 효과도 지니고 있다. 종이 나르는 서류가방을 의미하기도 한다. 포토폴리오를 잘 하려면 자신의 과제물이나 작품을 잘 정리해 놓고 평소 인터넷 신문 등등을 통해서 제시된 관심 있는 다양한 자료를 모아놓는 습관을 들여야 한다.

경제 용어로 개개의 금융기관이나 개인보유의 각종 금융의 명세표, 다양한 투자 대상에 분산하여 자금을 투입하여 운영하는 일을 의미하는 말이다.

지금 우리 주변에는 외래문물이 많지만 우리 일상생활에서 그것을 외면하면 여간 불편한 것이 아니다.

이제는 외래어도 풀이해서 쓸 때가 아니다. 그러자면 시기를 잃어 손실을 보게 되니 그대로 받아들여 글로벌 세계에 동참하여야 할 것 같다. 외래어가 들어와 우리말로 변하는 것들이 많아졌다.

우리는 주변 국가들의 간섭에 늘 곤욕을 치르고 살아온 것 같다. 세계 최고라는 기록도 많이 가지고 있는 민족이다. 최고의 두뇌에 과학적이고 간편한 우리 한글 등등….

그러나 자원부족으로 원자재를 수입에 의존할 수밖에 없으니 경쟁력이 뒤떨어질 수밖에 없다.

과거에는 중국의 한자를 사용할 수밖에 없어 그 글을 진서(珍書)라 했지만 지금은 우리글이 있다. 영어가 선진국가의 글이라 하나 진서일 수는 없다. 다만 그들의 발달한 문명과 교역하려면 그것을 배워야하기에 받아들일 수밖에 없다.

와부뇌명(瓦釜雷鳴), 무식하고 변변치 못한 사람이 아는 체 크게 떠들어대는 소리에 여러 사람이 혹하여 놀라게 된다는 뜻이다. 와부(瓦釜)는 기와나 질그릇을 굽는 가마로 그릇을 굽는 솥을 말하지만, 이들 질그릇들이 서로 부딪쳐 깨지는 소리가 천둥치는 소리로 착각한다는 뜻이니 하찮은 것이 사람을 웃기는 세상이다.

정치권의 여야가 부딪치고, 정당의 보수와 개혁이 충돌하고, 노사가 심한 몸살을 앓으니 한 가족인 애매한 국민들만 힘들어진다.

욕속불달(欲速不達), 서두르면 목표에 도달하지 못한다. 우리는 너무 서두른다. 우리속담에 우물가에서 숭늉 달란다는 말이 있다. 너무 조급하게 굴면 제대로 대접을 받지 못한다. 서둘다 보면 허점이라는 것을 낳게 되고 상대는 그 허점을 기회로 삼고 도전해온다. 그래서 상대에게 약점을 보이면 힘을 잃게 된다.

적수공봉(赤手空峯)이라는 말이 있듯이 그 힘이라는 것을 잃게 되면 손에 힘을 쥐어 보지만 주먹엔 아무 힘이 없다. 맨손과 맨주먹, 아무것도 가진 것 없는 것을 말한다. 그렇게도 당당하던 기세도 조그만 약점의 노출로 인해서 곤욕스럽고 부끄러운 생각으로 하고자 하는 일에 차질이 생긴다.

'아무것도 아니다'라고 나 혼자 용기를 가져보지만 상대는 한 수를 접어놓고 보니, 그 후유증을 만회하려면 오랜 시간 힘든 과정을 보내야 할 것이다.

잠깐의 실수로 별 잘못도 없이 상대에게 부끄러움을 당하게 된다면 강심장인 사람은 그냥 없던 일로 치부해버리지만 소심한 사람은 아주 오래갈 것이다.

취생몽사(醉生夢死)

술에 취한 것같이 흐리멍덩하게 꿈속에서 사는 것을 말한다. 한 번밖에 없는 인생, 그러니 다시 시작할 수는 더욱 없는 삶. 아무런 뜻을 이룬 것이 없이 한평생을 흐리멍덩하게 살아갈 수 없는 것이다. 지금이라도 지나친 날들을 뒤돌아보고 남은 삶이라도 자신에게 부끄럼 없이 살도록 노력하자.

점입가경(漸入佳境), 가면 갈수록 경치가 아름다워진다.

일에 점점 흥미가 있고 재미를 붙인다는 말이다.

'차츰 재미를 붙인다…', 참 좋은 말이다. 좋은 경치, 그리고 행복한 삶, 이런 일생이어야 한다. 그런 것은 이 세상에 없다하고 단정 지을 수만은 없다. 있기는 있으나 모르고 지나칠 뿐이다. 행복을 누리고도 모르는 사람은 행복해질 자격이 없는 사람이니 누릴 자격도 없다.

춘치자명(春雉自鳴), 봄철이 되면 꿩이 스스로 운다.

시키거나 요구하지 않아도 제 스스로 한다. 이런 자연의 이치를 알면서도 자연스러운 삶도 당연한 것을 모르면 늘 불행한 줄로만 안다. 쥐어주어도 모른다는 말이 있다. 아둔한 사람을 말한다. 우리는 아둔하면서도 똑똑한 척한다. 다들 알고 있는 것을 나 혼자만 모르면서 남을 탓하려 한다. 이것이 내가 지나온 어리석음이다.

바보스러운 지난 날들이었구나….

알고 있으니 이제 바보만은 면한 것 같구나.

치인설몽(痴人說夢)

바보를 상대로 하여 아무리 좋은 말을 할지라도 소용없다는 말이다. 처음부터 소용없는 말인 줄 알면서도 끝까지 하려한 것이 나의 과거이다.

말이 통하지 않는 사람을 고집불통이라 한다. 고집불통인 사람과 상대하면 속이 터지리라.

그 고집불통이 나인가, 상대인가? 나일 수도, 상대일 수도 있고, 그리고 둘 다일 수도 있다. 바보가 상대를 바보라 하는 것은 당연하다. 그 상대에게 바보 소리를 들었다고 그를 탓하면 나도 바보이다. 바보에게 바보 취급당한 것은 내가 바보가 아니다.

바보는 바보 자신만이 모르고 살뿐이니 당연한 것으로 이해하고 살자.

치지도외(置之度外), 내버려 두고 상대하지 않고 도외시한다는 말이 있다. 그런 것인 줄 알면서도 도외시하면 그를 진실로 아는 것이 아니다. 모르고 잘못을 저지르는 사람의 행동을 이해하지 않고 도외시한다면 이는 참을 아는 사람이 행할 일이 아니다.

병문졸속(兵聞拙速)

손자병법에 나오는 말로 기억한다. 용병(用兵)할 때는 졸렬하여도 빠른 것이 좋다는 뜻이다. 싸움에 있어서 오래 끌기보다는 단기전으로 신속한 싸움을 주장한 병법이다.

'졸속'과 '교구(巧久)'를 비교해 보면 '졸'은 아무 재간이 없어 농간을 부리지 못하는 것이고, '교'는 쓸데없이 기교를 부리려다 일을 그르칠 수 있다는 말이다.

오래 끄는 것보다 무소위(武所爲)로 소나기처럼 빨리 해치우는 것이 좋다는 것이다. 이런 병법도 지금의 과학전에 필요한 것 같고 기업 경영에는 아주 적합한 것이 아닌가하는 생각도 든다.

현재의 전쟁을 경제전이라고 한다. 대규모 전쟁을 치르려면 군대의 이동, 군수물자의 수송, 병참·병기 물자의 공급 등으로 소요되는 경비와 외교적인 것과 병력 보충 등 막대한 국력을 소비하게 된다.

전문가들도 몰라서 월남전이나 이라크 전에서 곤욕을 치르는

데 무슨 할 말이 있기에 이런 쓸데없는 말을 하고 있는가. 다만 결과가 없는 해결 못하는 일들을 일으켜 세계를 뒤숭숭하게 만들어가는 현 사태들이 불만스러워지니, 되지 않는 말로라도 자위하고자 함이리라.

전쟁은 어리석은 자들의 장난질이다. 그러나 현대의 기업은 머리 좋은 사람들의 외교적 상술로 전쟁에 버금가는 작전수행의 경제전이다.

전쟁이나 경제는 싸우는 것이 목적이 아니고 싸워서 이기는 것, 그리고 싸우지 않고 이기는 것은 더 좋은 작전이다. 싸워서라도 이긴다는 것은 얻고자하는 것을 얻어서 부유해지려는 목적 달성을 이루려 하는 행위이다.

병(兵)은 사지(死地)다. 전쟁은 목숨을 던질 각오로 나선다. 기업도 일종의 전쟁이니 넓고 넓은 미지의 세계를 상대로 하는 전쟁터이다. 같은 싸움의 전쟁터, 각오도 같을 것이다.

백중지세(伯仲之勢)라는 말을 이런 곳에 쓰기는 조금 어색할 줄 아나 경제전도 전쟁이니, 엇비슷하다는 말로 백중지간(伯仲之間)은 아울러 낫고 못남이 거의 없다는 상태를 두고 쓰이는 말이다. 동의어 난형난제(難兄難弟)는 형제가 아울러 덕이 있고 그 우열을 가릴 수 없다는 뜻이니, 알맞은 말이 아닌 것은 틀림이 없는 것 같다.

우열을 가릴 수 없는 엇비슷한 세력이 판을 치는 세상, 정치나 경제가 마치 시소게임이라도 하듯 오르고 내리고, 그리고 다시 오르려고 온갖 힘을 다한다.

제인확금(齊人攫金), 글자 풀이로는 제나라 사람이 황금을 한 움큼 움켜쥔다는 뜻이다.

황금에 눈이 어두워 주인도 보이지 않고 황금에만 정신이 팔려 도둑질을 하게 된 것이다. 지나친 욕심을 부리지 말라는 말이다. 견물생심(見物生心)이라고 욕심은 화를 부른다.

이렇듯 고사성어에는 뜻을 음미하면 무궁무진한 진리가 담겨 있다. 하지만 현대감각에 맞지 않는다고 알면서도 덮어두고 사용치 않으면 다 잊어버리고 만다.

그러나 아무리 좋아하는 말이라도 상대가 싫어하든가 싫어하지 않는다 하더라도 옳은 말을 자주하면 유식한 척 자기를 과시하는 것으로 오해를 사게 되니, 말과 행동을 잘 하기가 정말 어렵다.

어쩌다 적절한 말이라 생각이 들어 사용한 말도 인격과 권위가 있는 아주 훌륭한 사람이 동조하고 극찬한다면, 과거에는 혼자만 잘난 척하고 아는 체한다고 멸시하던 사람들도 그를 다시 볼 수도 있다.

그러니 힘 있는 사람의 말이나 행동은 곧 진리이며 법이라 할 수 있다. 흔히들 그 자리에 오르면 다들 잘 해 나간다 한다. 그러나 그것은 잘하는 것으로 보일 뿐 잘함이 아니다.

가난해서 인덕과 지식을 겸비하고도 기회를 만나지 못해 사장된 인재들이 너무 많다.

호가호위(狐假虎威), 힘센 사람의 위세를 빌려 남을 짓누르는 것으로 호랑이 위세를 빌려 우쭐대는 여우의 잔꾀를 말한다. 우리 주위에는 이런 사람들이 많다.

같은 뜻의 말이지만 차호위호(借虎威狐)의 호랑이를 앞세운 여우라든가, 차청입실(借廳入室)과 같이 대청을 빌려 쓰다가 차츰 안방으로 들어온다는 뜻으로 있는 사람을 배경 삼아 뽐내는 행위를 너무 많이 보고 살았다.

측근이라는 말, 후계자, 혹은 실세니, 주류니 하는 말들을 들으면 공연히 거부반응이 생긴다. 과거 우리들의 역사가 그랬듯이 후계자 자리를 놓고 치열한 암투를 벌인 왕자들과 그들을 등에 업고 갖은 음모와 묘사들을 배워 알고 있다.

군주주의에서나 있을 법하고 자유민주주의에서는 그런 일이 없겠지 하던 기대가 무너져 내린다. 이럴 때 생각나는 단어가 왕자(王者)이다. 왕자(王子)라고 통치능력을 다 가지고 있는 것이 아니다. 자(子)가 아닌, 자(者)가 실세든 후계자가 되어야 한다.

사람이나 동물은 다 마찬가지이다.

능력에 따라 왕자도 될 수 있고 신하도 되어야 한다. 동물의 세계도 힘 있는 놈이 무리를 이끌어야 살아남을 수 있듯이 우리에게도 훌륭한 지도자가 필요하다.

무료한 시간을 달래려고 이곳저곳에서 보고 듣고 느낀 것을 고사성어나 사자성어들로 정리하려니 말도 안 되는 말을 너무 많이 한 것 같다.

그래도 왕자(子)와 왕자(者) 정도는 구분할 수 있는 능력을 가진 내가 대견타 생각하며 산다. 이런 것들도 많은 인고(忍苦)의 세월을 참고 괴로워하던 지난날들이 있었기 때문이다.

무엇을 얻기 위해 괴로운 세월을 참고 보냈어야 했는가.

고민과 번뇌는 나를 병들게 하기에 그런 것들을 참아야만 했다. 참음도 나를 위한 것이니, 나를 이해해 주는 이 없어도 서운타 말고 각자 상상에 맡기자.

상상력(想像力)

상상하는 것은 허망한 것이 아니다. 다만 실현 가능한 것이어야 한다. 모든 사람이 갈망하는 것이라도 현실과 상상력은 다를 수 있다. 그러나 너무나 동떨어진 상상력은 실용 불가한 공상에 그치기 십상이니, 이런 공상이나 망상이 커져 가면 고민과 번뇌라는 것이 생겨 자신을 병들게 한다.

병(病), 하니 종류도 많은 것 같다. 병은 바로 조기치료 해야 한다. 그래야 고통을 덜 받는다. 쓴맛(苦味), 병은 쓴맛 뿐 아니라 고통을 수반하는 쓴맛이다. 우리가 '인(仁)'을 하나로 된 성어(成語)라고 한다.

인은 두 사람이 친하게 지냄을 나타내는 착하고 어질고 인자함을 뜻하며, 열매 속에 있는 씨 알갱이를 말하여 행인(杏仁), 도인(桃仁)이라고 표현한다.

행인이나 도인은 살구, 복숭아씨로서 의가(醫家)에서 쓰이는 말로 미고(味苦)한 약제이나 흔히들 쓴맛 나는 인생을 표현하는 의미로도 쓴다.

불인(不仁)은 결코 인자하지 않은 자는 어진 사람이 못 된다는 말로 쓰인다. 그러고 보면 예나 지금이나 인생은 결코 달콤한 것만은 아닌 것 같다.

성어(成語)에는 두개 이상의 글자들이 모여서 만들어진 것으로 옛날에 있었던 일에서 만들어진 어구(語句)들이나 사자성어라는 한자 넉자로 된 관용어라고 할까. 이런 것들을 포함하는 것 중 하나의 글자로만 된 명사가 '인(仁)'이다. 착함, 해야 할 도리, 핵심 속을 치료하는 뜻으로도 쓰이니, 우리 주위에서 발생하는 병들은 조기에 치료하여야 한다.

"의치(醫治)라는 말은 의사의 치료를 말한다. 병은 의사가 고치는 병과 스스로, 그리고 믿음으로 고치는 병이 있다.

소의(小醫)는 소치로 이는 병(病)을 치료하고, 중의(中醫)는 중치로 치인(治人)은 사람을 치료하고, 대의(大醫)는 큰 의술로 국치(國治) 즉, 나라를 잘 다스리는 것을 말한다.

과거 우리들의 기억에 생생한 정치인들이 즐겨 쓰거나 그들을 비유해서 사용하던 성어들이 기억나 적어보자. 대도무문(大道無門), 큰 길엔 문이 없다. 실사구시(實事求是), 사실에 토대하여 진리를 탐구하는 일. 화이부동(和而不同), 다름을 정하고 서로 화합하자. 여시구진(與時俱進), 시간과 더불어 함께 전진하자. 경천애인(敬天愛人)사람을 공경하고 사람을 사랑하자. 해현경장(解弦更張), 거문고 줄을 고치어 팽팽하게 하자. 재충전하자.

도광양회(韜光養晦), 때를 기다린다. 평화굴기(平和屈起), 평화에 전진한다. 대오각성(大悟覺醒), 크게 깨달음을 얻는다. 유소작위(有所作爲), 개입해서 목적을 달성한다. 적전분열(敵前分裂), 적을 앞에 두고 서로 다투다니. 부국강병(富國强兵), 국방을 동시에 강화한다. 이것이 강병대국(强兵大國)이다.

이제 부국이라는 대국을 만들면 태평연월(太平烟月)이라는 것이니, 이제는 마음 놓고 패권(覇權)을 잡아 세상을 평화롭고 안락하게 다스렸으면 한다.

경제확대(經濟擴大)

경제를 살리자. 이것이 우선이라고 말하는 사람은 많아도 이룩한 사람은 없는 것 같다.

형식적인 봉사활동이나 매스컴을 의식해서 얼굴에 억지 미소를 짓는 정치·경제인처럼 미소 지으며, "정말 잘하겠다, 뽑아주어서 고맙다, 진지하게 잘하겠다"며 말로만 얼버무려서는 안 된다.

우리의 헌법 전문에는 개국이념이 있다. 이를 계승하여 국력에 힘써, 감세, 소득증대, 부동산투기억제, 지역감정 해소, 연기금과 국민연금 단일화, 의료혜택 확대하겠다는 그 누구의 말도 믿어지지 않으니 어찌 한담….

국민은 숙맥이 아니다. 이제는 그런 어리석은 국민은 없다. 옳고 그른 것쯤은 가려낼 수 있다.

숙맥불변(菽麥不辨)

이 글귀는 아주 간단한 말이다.

콩과 보리도 구분할 줄 모르는 바보라는 뜻이다. 그러나 지금은 뜻이 변하여 너무 순진하여서 숫기가 없다는 뜻으로도 쓰인다.

요즘 어린이들은 콩과 보리보다도 매일 쌀로 지은 밥을 먹으면서도 쌀 나무를 모른다. 쌀 나무, 이상하게 들리리라. 그러나 나무에서 달리는지 모르므로 벼라는 풀에 달린 열매인지 알 길이 없으니 쌀 나무로 착각할 수도 있다.

우리말에는 비유하는 말들이 많다. 그리고 곧이곧대로 사실을 말하지 않고 점잖게 돌려서 "왜, 그런 말 있지?" 하고 말해도 알아들으니 참으로 신통하고 지혜가 넘치는 것 같다.

어리석은 것 같고 모자라는 것 같은 숙맥이라도 알 것은 다 알고 있지만, 그 말의 표현이나 내용을 다르게 말하면 듣기에 따라 '바보, 등신'하면 화를 내기도 하고 그냥 넘기기도 한다.

이같이 비슷한 말도 듣는 사람에 따라 차이가 있으니 표현의 방법과 상대편의 입장에 따라 차이가 있다.

숙맥불변이나 오줌똥도 못 가린다는 말의 뜻이 별 차이는 없지만 파장은 전혀 다른 반응을 일으킬 수 있으니 말은 항상 조심해서 사용해야 한다.

불변(不辨)과 불변(不變), 이 두 낱말은 음은 같으나 뜻은 전혀 다르다. 변(辨)은 가리지 못한다로 사용되며 변사, 변호사 할 때는 변(辯)자를 써서 '말 잘하다, 다스리다'로 표현한다. 이런 여러 가지 같은 음의 글을 한문으로 토를 달아야 우리말도 알아볼 수가 있는 세상이 되어가고 있다.

요즘 컴퓨터는 일상생활에서 빼놓을 수 없는 생활도구이다. 과거 대학을 나오고 사회의 유명인사라 해도 컴퓨터를 다루지 못하면 컴맹이라 하여 문맹과 다름없이 취급당할 수 있다. 그러니 손자들에게 배워서라도 컴맹은 면해야 한다. 글을 모르면 문맹이라 부르니 같은 '맹'이다.

아이들은 유치원에 가기도 전에 컴퓨터를 사용하며, 고사리 같은 손으로 자판기를 두들기는 손자들의 손놀림이나, 비좁은 전철이나 만원버스에서 양손으로 문자 메시지를 주고받는 학생들의 손놀림도 참으로 빠르고 신기하다.

필수 불가결한 생활필수품이 된 휴대전화는 가지고 다니는 전화가 아니라 IT 정보화시대의 모든 정보를 교환할 수 있는 문명의 이기(利器)로 변했다.

과거에는 여기저기서 시끄럽게 울려대는 벨소리에 목청을 높여 통화하는 그것이 못마땅하여 얼굴을 찡그리기도 했었다. 그러나 요즘은 가벼운 진동이나 그들만이 알아듣는 암호로 조용히, 그리고 번거로운 말 대신 문자를 주고받으니 소음공해가 없어지고, 그들의 환한 미소가 오히려 귀여울 뿐이니 참으로 좋아지는 풍속도라 하겠다.

변했다. 바뀌었다. 저들의 손놀림은 예술이다. 나도 오랫동안 휴대폰을 사용하고 있다. 이따금 문자 메시지가 오기도 하고 보내기도 한다. 그럴 때는 보람도 느끼고 산다.

그러나 눈살 찌푸리는 사건들이 자주 발생한다. 쓸데없는 사기성이 있는 광고이거나 그보다도 징그러운 내용의 문자를 대하면 '세상에 어찌 이럴 수가, 이런 험악한 곳에서 나를 어찌 알고 당치도 않은 초청장을 보냈는가, 참으로 한심한 사람들이구나!' 라고 생각된다. 또 울린다. 징그러운 신호음, 또 그런 것이겠지 하고 지나치다 보면 꼭 필요한 내용을 볼 수도 없으니, 확인하고 찡그리고, 또 속고 살뿐이다. 이렇게 변하는 모순 속에 참이 뒤섞여 조화를 이루고 발전해가는 것이 아닌가 한다.

변증법(辨證法), 변 자를 생각하다 떠오르는 단어이기에 적어보자. 철학자 헤겔이 주창한 "세계는 모순에 차 있고 더 높은 처지에서 통일됨으로써 해결(解決)되고 발전해간다고 보는, 사고방식(정·반·합)을 되풀이하면서 세계는 발전해간다고 하는 사고방식."

마르코스와 엥겔스는 유물 변증법을 끌어들여 자신의 방법론으로 살았다 한다. 변증법의 신학은 근대 인간중심적인 자유주의 신학에 대한 신 중심의 신교주의철학이다.

이렇게 변(辨)과 변(變)이 뜻하는 말의 차이인 '숙맥불변'을 불변(不變)으로 착각하면 '가리지 못하는 것'이 '변하지 않는다'로 해석되어 콩과 보리는 변하지 않는다는 말이 된다.

바다는 넓고 하늘은 끝이 없다.

"행복한 사치 불행한 만족"이라는 말도 있을 수 있다는 생각이 든다. 행복한 사치는 마음으로 누리는 사치이다. 생각보다도 아름다운 행복한 사치, 불행보다도 다행으로 생각하는 불행, 그것이 더 큰 행복일 수 있다.

불행 다음의 행복은 크지만 행복 다음의 불행은 참기 힘든 법이다. 누구나 항상 행복하게 살 수만은 없다.

모르면 아는 만큼 행복한 것이고, 그 모름을 알게 되었을 때는 행복할 때의 사치스러움도, 불행 속에서의 불편함도, 알고 보면 만족이나 불행을 모르고 지난 것을 알게 된다.

행복한 사치는 분수에 넘치는 호사스러운 생활을 하니 행복한 사치라고 해보자. 사치는 겉치장에 신경을 쓰며, 사치스러움보다 사치스럽게 꾸미려고 하는 행위는 방종 또는 낭비로 이어진다. 이런 억지 행복의 겉치레는 호사스럽고 사치스럽게 보일 뿐이니 사치스럽지 않고 간소하지도 않은 알맞은 생활이나 행동, 그것이면 족하다.

삼불(三不)

셋은 아니다. 다음의 세 가지는 물어보면 실례가 된다. 그 첫째가 "몇 살인가? 학교와 아는 것은? 재산 정도는?" 하고 물어보면 불쾌하고 난처할 때가 있다.

그러니 정답이 나올 리가 없다.

"나이는 먹을 만큼 먹었다. 배울 만큼 배웠다. 쓸 만큼, 먹고 살 만큼의 재산도 가졌다"라고 할 것이니, 정답이 아니지만 이 정도면 잘사는 것이라 여기고 산다.

"왜!" 하고 상대방이 반문한다면 그것은 답하기 곤란한 것이니 싫어하는 것은 꼬치꼬치 묻지 말자.

남의 약점을 들추어 내다보면 내 약점도 드러나게 된다. 감추어주면 내 것도 누출되지 않는다.

"불행한 사람이 행복하다함을 느끼면 그것은 이룬 것이며, 행복한 것 모르고 불행하다 하면 그것은 절망일 것이다."

숙맥도, 불변도, 변증법같이 어려운 철학은 몰라도 살아가는

데 아무런 지장도 없다.

그런데 "너 따위가 알면 얼마나 알고, 가졌으면 얼마나 되기에 건방을 떠는가"라고 하게 되면 하찮은 일로 다툼은 아니라도 피치 못할 오해가 생겨 멀어지는 것은 당연한 것이다.

사람은 누구나 남에게 보이기 싫은 약점을 가지고 산다. 나만이 아는 약점이 있기 마련이다. 젊게 살려고 노력하는 사람에게 나이는 숫자일 뿐이고, 배우지 못한 사람에게 명문대를 말한다든가, 가난에 지친 사람에게 부를 자랑한다면 그것은 실수 아닌 실책이다.

학벌(學閥), 배우고 공적이나 내력을 쌓아올리는 것을 의미한다. 배움은 보는 것, 듣는 것으로 얻은 지식이나 교양이다. 그 학력이나 배운 것을 물어보면 아는 대로 다 말하면 잘난 척하는 것으로 오해가 생기고, 별로 내세울 것이 없는 학벌은 숨기고 싶으니 답하기 난처할 것 같다.

학문을 닦아서 얻은 사회적 지위나 신분 또는 출신학교의 사회적 지위 등급을 따져 평가한다면 출신학교의 좋고 나쁨을 떠나 불쾌하리라. 특히 지방대 출신이나 독학으로 이룩한 형설지공(螢雪之功)의 노력으로 사시나 행시로 출세한 많은 사람들도 유쾌하지 못하리라.

능력주의(能力主義). 현대사회는 학벌도 중요하지만 무엇을 얼마만큼 할 수 있는가에 따라 본인의 위치가 결정된다.

"앉은자리의 주인이 되자"라는 구호가 있다.

배움이 많아야 앎이 있고, 앎이 있어야 주어진 자리의 주인이 될 수 있다. 모르면 오른 자리도 지키기 어렵다.

나이(age, year)는 출생(나서)해서 자란 햇수이다. 나이가 들다. 연세(年歲), 연치(年齒), 춘추(春秋)라고도 한다. 나이가 많은 것을 자랑으로 여긴 장유유서(長幼有序)의 시대는 과거이다. 지금은 젊게 살려고 안간힘을 다하다 보니 '어르신'이라는 존칭도 달갑지 않다.

할아버지보다 아저씨로 살길 원한다. 노숙(老熟)하다는 말은 과거 점잖다의 대명사이지만 노숙하다라고 하면 욕된 말이다. 그래서 생겨난 말이 '젊은 오빠, 젊은 언니'라는 말이다.

그냥 오빠나 언니는 부족하니 젊음을 앞에 붙이는데 세금을 더 내는 것도 아니니, 기왕 쓰는 인심을 기분이라도 좋게 하자는 말인 것 같다.

'핸섬하다', '멋쟁이'라고 하면 거짓인줄 알면서도 기분은 좋다. 기분 좋은 거짓말은 거짓도 약이다. '많이 늙어 보인다'라고 하면 사실일지라도 불쾌하다. 많은 고생살이로 인해 가진 것도 없는, 현실이 고달픈 삶을 대변하는 말로 들린다. 말 한마디로 상대방을 비참하게 만들 수 있다는 것을 알아야 한다. 나이가 드는 것은 할 수 없지만 마음이 늙으면 안 된다. 사람이 늙어 쇠약해지는 것은 자연의 현상이다. 그러나 사람의 의지만은 쇠퇴하면 안 된다.

'나이 찬 미운 계집'이란 무엇이든지 한창때가 좋게 보인다는 말이다. '나이가 아깝다'라는 것은 말이나 하는 짓이, 그 나이에 걸맞지 않게 유치한 행동을 했을 때 사용하는 말이다.

'죽은 자식 나이 세기'라는 말은 이미 그릇된 일을 자꾸 생각해 보았자 소용이 없다는 말로 흔히들 똑똑한 자식을 잃고 "그놈이 살아있으면 지금쯤은 장관 한자리는 했을 텐데…"라고 아쉬워하며 자위를 얻으려 한다.

재산(財産)은 소득이다. 내가 소유하고 있는 유형·무형의 경제적 가치가 있는 것의 총체적인 것이다. 저작권이나 특허권도 재산의 가치이다. 그 가치를 숨기려고도 하고 과장하기도 하지만 대부분 밝히기를 꺼린다.

전량(錢糧)이란 살림살이에 드는 돈과 식량이란 뜻이다.

'전량을 모은다' 하면 돈벌이를 하는 것으로 개인의 삶을 위하여 가치 있는 것을 비유하기도 한다. '나의 재산은 건강이요, 젊음이다' 하는 말도 있다. 성실하고 근면함도 재산일 수 있다. 허투루 살지 않고 오붓하게 모은 재산으로 가족과 같이 산다면 그것이 최대의 행복일 것 같다.

나는 가족과 함께 공경(恭敬)도 받고 산다. 그러니 항상 고마운 마음으로 살고 있으니 이것이 행복이다.

요즘 흔히들 효나 공경함이 땅에 떨어졌다고 한탄들 한다. 그러나 그것은 시대의 흐름일 뿐이다. 효도 단순한 물질적인 봉양만 있고 존경이나 참이라는 그것이 없는 단지 마지못해 남을 의식해서하는 공경함이 빠진 효인 것 같다. 그러나 그런 효도 다행으로 여겨야 한다.

동물 애호가들이 들으면 서운할지 모르지만 강아지를 기르는 것은 재롱을 보기 위함이지 그것이 정말 사랑스러워서일까. 아니다. 그것도 병이 들면 그렇게 애지중지하던 마음도 변하여 가리라. 그러면 단순한 사육(飼育)이지 진정한 양육(養育)이 아님을 알 수 있으리라.

"그래도 사람의 효는 길러준 양육의 정이 남아 있고 주위의 눈초리를 의식하기에 마지못해 단순한 봉양이라도 받을 수 있지 않는가?"라고 하면 지나친 역설이라 비난을 받을 것 같다는 생각이 드니 아직은 살 만한 세상이라 하겠다.

오늘도 만원 버스에서 강아지를 안고 있는 아리따운 아가씨를 보니 세상이 많이 변한 것 같아 많은 것을 생각하게 하니, 머리가 무거워져 헛소리를 좀 한 것 같다.

삼불정책(三不政策)

안 된다는 불(不)이나 불허(不許)한다는 말이 너무 많은 세상이고 보니, 그 중에서 세 가지는 꼭 바꾸거나 고치자는 것이다. 그런데 찬반으로 나뉜다. 찬이든 반이든 다수가결로 결정되면 승복하면 되지만 '결사반대', '꼭 바꾸거나 고쳐야 한다'는 갈림이 생기니 시끄럽고 불안하다.

지금 말하려는 삼불은 교육정책의 일부인 대학입시절차의 기틀인 본고사 시험부활, 기여입학, 고교평준화들을 불허하는 것인지 아닌지 아리송하게 들리는 삼불의 취지를 생각해 볼 일이다.

교육의 양극화를 막자는 취지를 공감하면서도 방법론이 다르니 패가 갈린다. 우리 문교행정은 해방60주년이 지난 지금까지 방향을 잃고 표류하는 것이 아닌지 갈팡질팡 헤매고 있다.

평준화된 세상에서 평준화된 삶을 살기를 바라지만 욕망이라는 욕구를 버릴 수 없어 표류가 아닌 방황인 것 같다.

우수한 학생을 선발해 우수한 대학을 만들자. 보통실력을 가진 학생으로는 명문대를 만들 수 없다. 그러니 학생 본인의 능력이나 노력을 무시하고라도 부모의 재산을 기부라는 명목으로 소수의 학생을 허용하여 부모의 세습제도가 다시 고개를 들더라도 그 돈으로 학교시설을 첨단화하고 우수한 학생을 유치하여 명문대를 만들어보자.

그러면 소수의 학부모의 기부금으로 다수의 우수학생을 구제할 수 있으나 소수의 학생들 때문에 중간 실력의 학생들이 가고자 하는 학교를 포기하여야 한다. 이는 기회의 불균등이 될 수도 있어 평등사회의 이념에 어긋난다.

우리는 과거 많은 시행착오와 새로운 규칙을 만들기도 하고 폐지도 하고 수정도 했지만 법은 만인에게 평등하여야 한다는 원칙을 충족시키지 못하니 다시 수정이나 개정하려고 한다.

우리는 민주주의 이념으로 나라를 다스리는 국가 체제에서 살고 있으니 찬성도 반대도 할 수 있다. 그러나 다수 의견은 존중함이 당연하다는 원리만은 변함이 없어야 한다.

참신한 마음으로 정치를 이끌어야 한다. 법으로만 이끌고 형벌로만 다스리면 국민은 피하기만 하고 부끄러워하지 않는다. 덕으로 정치를 이끌고 예로서 가지런히 하면 국민들은 부끄러워할 뿐 아니라 떳떳해진다고 했다.

이 글귀는 기억할 수 없으나 기억나는 것은 도지이정 제지이형(道之以政 齋之以刑)이라는 글로 논어에 있는 글의 일부이다. 여기에 제는 가지런히 하다로 기억하면 된다.

삼고초려(三顧草廬), 너무 유명한 말이다. 중국 후한의 유비가 낙양에 은거하는 제갈 공명의 초옥(草屋)을 세 번 찾아가 간청하여 드디어 군사(軍師)로 맞아들인 일에서 유래된 말이다. 참된 인재를 얻으려면 여러 번이라도 찾아가 설득도 하고 간청도 하고 사정도 하여 감동시켜 그의 도움을 받으려고 하는 것은 예나 지금이나 다를 게 없겠다.

평소는 모르는 척 관심도 없다가 선거철만 되면 불문고지하고 찾아뵙기가 바쁘다. 참된 것을 배워 참된 정치를 펼치려고 삼고초려를 실천하는 것이라 생각하자.

"왜!" 하고 반문하면 감당키 어려운 번뇌가 올 것 같으니 이번만은 색안경은 벗어던지고 보자. 그러면 진실을 볼 수 있을 것이다. 그러면 확실한 것을 볼 수 있으니 당당하게 주권행사를 할 수 있지 않을까?

잘난 사람과 못난 사람들이 섞여 있으니 양반 천민 구별하기가 어렵구나. 사람을 반상(班常)으로 나누면 평등한 사회가 아니다. 그러나 능력의 차이는 인정하여야 발전이 있다. 반상의 차이는 없어도 능력은 인정하자. 어려운 일이지만 노력과 능력이 보상받는 사회이기를 바란다.

양반(兩班)**과 상민**(常民), 어렵게 말하지 말고 양반 상놈 하자. 우리는 나를 낮추고 상대를 존중하는 미덕을 가진 민족이다. 과거에는 반상의 구분이 엄밀하여 세도가들의 횡포에 상민의 생활은 말이 아니었던 것으로 안다.

그러나 지금은 양반도 천민도 없는 동등한 위치에서 경쟁을 하며 산다. 우리의 양반제도는 고려와 조선시대 신분계층의 하나로 관제(官制)상 문반과 무반으로 나누어 지배신분층을 지칭했다. 양반을 사대부(士大夫)라 부르기도 했는데 여기에 대부의 문(文)은 4품 이상, 사(士)는 문관 5품 이하를 지칭한 것이다.

사족(士族), 사류(士類), 사림(士林)이란 양반관료 전체를 포괄한 것을 사대부라 하여 특권 지배신분으로서 양반의 개념이다.

그리고 조선 초기 신분구조를 양반, 중인, 양민, 천인으로 나누고, 이를 크게 양반과 천민으로 나누어 양반 상놈이라 불러 오늘에 이른 것이다.

조상이 양반이면 후손도 양반이고 조상이 천민이면 후손 역시 천민이다. 이것도 잘못된 우리의 역사이다.

그런 모순된 군주주의 체제에서 벗어나 이제는 양반도 천민도 아닌 동등한 자격으로 페어플레이 하며 살아가야 한다.

발전하는 세계 속에서도 과거를 고집하며 잘못된 삶을 살려고 하는 무리가 아직도 존재하는가?

지금도 양반은 있을 수 있다. 양반의 도를 다하면 양반의 대우를 받는다. 천민도 양반의 행실을 다하면 양반이 된다. 그러나 양반도 행실이 천하니 '양놈'이 되고, 상놈도 행실이 바르니 '상님'이라 부르자.

과거 노비 출신도 나라가 위태로우면 나라를 위해 일어났다. 그는 진정한 양반이다. 그러나 양반으로 태어나고도 나라를 위기에 몰아넣었다. 그러니 그들은 상놈의 호칭도 과할 것 같다.

과거 우리의 풍속대로라면 대통령은 왕족이다. 국무위원과 입법・사법위원은 사대부가 되어야 마땅하다.

그러나 우리 민주주의에서는 행실이 바르지 않으면 언제라도 국민이 심판하여 천민으로 전락할 수 있음을 명심했으면 한다.

'양놈, 상반' 내가 만들어 나 혼자 부르기가 아쉬워 적어본다. 양반도 천민도 없는 세상에서 왜들 떳떳하게 살려고 하지 않고 양심을 버려 천민이 되려고 하는가. 현대의 양반으로 살려면 바르게 살아야한다.

옛말에 '양반은 물에 빠져도 개헤엄을 치지 않는다'고 하였다. 아무리 다급한 처지에 처해도 체면을 유지한다는 말이다. 서툴고 어색한 모습을 해서는 안 된다.

'양반' 하면 양반전, 허생전, 가족을 바탕으로 하는 농경사회에서 단순한 휴식처를 그린 평범함도 생각난다. 그리고 안동 하회마을이 떠오른다. 역사의 변화 속에서 양반가문의 몰락과 그 이전의 전성기, 이전의 세도와 행패도 있었을 것이다. 시대의 흐름은 노력하지 않고 자숙하지 않으면 패배몰락이라는 비운을 가져다 준다는 역사를 배우고 보아왔기에 알고 있다.

우리는 그것을 확인했기에 반상이 없는 균등한 세상에서 바른 길을 가는가, 아닌가에 따라 양반도 천민도 될 수 있으니, 반상이 없는 세상에서 바르게 살면 양반 대신 현대말로 '신사와 숙녀'라는 칭호로 불리어질 것 같다.

우리는 우리라는 테두리를 지켜가며 수모도 모험도 극복하고 살았다. 그러나 남은 것은 아직도 공허한 빈껍데기인 것 같다. 내 마음의 작은집, 남은 것이 무엇인가. 그것이 공허(空虛)라면 무엇으로 채울 것인가.

나는 무엇을 위해 살았는가. 왜 공허하다 여기는가. 한집의 가장이며, 한 여인의 남편이며, 아들딸의 아버지이다.

그리고 손자들의 할아버지며, 다정한 이웃의 아저씨로 만족하는데, 세상살이가 늘 부드럽지만 않고 까칠까칠하다고 불평하는 것인가?

삶이란 이렇게 계속되는 것인데 불평해도 소용없으니 멈춤이 올 때까지 가면 된다.

그 멈춤은 아무도 모르는 것이기에 기다릴 것도 초조할 아무런 이유도 없다. 가는 대로 가면 된다.

자화상(自畵像)

나도 스스로 내 그림을 그려보자.

"할아버지 그림 그리기"라는 말을 어디서 들은 것도 같고 읽어 본 것도 같은데 기억할 수 없다. 그런 할아버지가 지금의 나이다.

우리 인생이 산다는 것은 지나고 나야 실감이 난다. 살아 봐야 맛을 알고, 먹어봐야 그 맛을 알 수 있듯이 할아버지가 된 다음 내가 지나온 인생사를 그릴 수 있는 것이다.

그러기에 내 과거를 그리니, 이것을 자화상이라 해도 틀린 말은 아닌가 한다.

측천양지(測天量地), 하늘을 가늠하고 땅을 재다.

무슨 말인가. 토목공사에서 흔히 사용하며 측량하는 것을 말한다. 측량(測量)은 토목공사의 기본이다.

자격증을 얻기 위해 측량학과 구조역학을 배웠다. 그러나 그 자격증으로 생활하면서도 오묘한 이치를 모르고 살았다.

하늘을 가늠하고 땅을 재는 것보다 더 어려운 인생사를 그저 눈어림으로 짐작하며 여생을 보냈다. 이제는 할아버지가 되고보니 지나간 날들을 겨우 밑그림 정도밖에 그릴 수 없으니….

천지자연의 도리라는 그림을 완성하려면 비불답 불지답(非不答 不知答)이라는 말처럼 어떻게 대답해야 옳을지 모를 일이다. 대답하지 않는 것도 답을 알 수가 없으니 이런 말로 얼버무리게 된다는 말이다.

양의지명다병(養醫之明多病)

유명한 의원집 문 앞에는 많은 환자가 모여든다. 그리고 훌륭한 스승이 있으면 많은 제자들이 모인다. 나는 의원도 선생도 그리고 정치인도 아니다. 그러니 찾아올 사람도 없다.

중간 이하의 항상 모지란 삶을 살았으니 그것으로 만족하며 산다.

만즉복(滿則覆), 차면 뒤집어진다. 자기 그릇도 다 채우지 못하고 뒤집어보려 안간힘을 다한다고 될 일이 아니다. 가득 차면 엎어진다. 그릇에 물이 알맞게 차야 반듯이 놓이게 되고, 물이 가득 차면 저절로 엎어지게 된다.

이런 가르침은 중국 주나라 항공의 사당에 놓여있는 제기로서 가득 차면 엎어지고 비어도 쓰러지고, 중간 정도 되어야 서 있다는 뜻으로 복(福)도 넘치면 화(禍)가 되고, 재(財)도 차면 재

(災)가 되고, 세(勢)도 지나치면 쇠(衰)가 따른다.

이런 가르침은 욕심을 다 버리라는 것이 아니라 과욕을 버리라는 것이다. 이런 이언(俚言), 즉 항간에 떠돌며 쓰이는 속된 말이나 속담처럼, 갖고 싶은 것, 하고픈 것, 말하고 싶은 것, 다 말할 수 없어 침묵함이 좋다 하기에, 너무 침묵만 하고 살다보니 숙맥 아닌 숙맥으로 산 것 같다.

이제는 떳떳한 마음으로 나를 찾아 나답게 살자. 피하려는 마음, 숨기는 마음, 이제는 그만 하자. 우리는 떳떳하게 살았는가? 사람이 살아가는 데는 신념과 원칙이 있어야한다. 그것이 확고하다면 누구도 그의 뜻을 빼앗을 수 없다. 그러니 그가 죽어도 이름은 남아있게 된다.

논어에 격심이라는 글귀에서 사즉불가탈명(死則不可奪名), 죽어도 이름은 빼앗지 못한다는 글귀가 생각나 적어보고 있으나, 내게서 빼앗아 갈 수 없는 것이 있다면 그것은 내 자존심과 이름 석 자뿐이다.

투저의(投杼疑)

베틀의 북을 던지고 의심한다는 뜻이다. '증참'의 어머니는 아들을 굳게 믿고 의심하지 않고 베를 열심히 짜고 있었는데, 어떤 사람이 와서 증참이 사람을 죽였다고 고함을 쳤으나 곧이듣지 않고 베만 짰다. 그러나 세 번째 사람이 와서 같은 말을 전하니 결국은 짜고 있던 북을 집어던지고 뛰어나갔다는 이야기이다.

같은 말을 여러 번 듣게 되면 믿게 된다는 말로 쓰인다. 아무리 좋은 말이라도 자주 들으면 싫증이 나는 법이거늘, 입에 발린 공약으로 더 이상 국민을 우롱해서는 안 된다는 것을 다음에 정치를 하고자 하는 사람들은 명심할 것으로 믿고 기대해 보자.

토포악발(吐哺握發), 뱉어도 보고 먹어도 보고 잡아도 보고 보내도 본다는 말이다. 좋은 사람을 구하기 위해 갖은 힘을 다한다.

토포악발(吐哺握髮) 이라는 말도 있다. 이 말은 입 안에 있는 밥알을 뱉고 머리카락을 움켜쥔다는 뜻으로 식사할 때나 머리를 감을 때 손님이 방문하여 황급히 나아가 맞이함을 말하는 것으로 예의를 갖추어 맞이한다는 뜻이다.

이런 한 글자의 차이로 전체의 의미가 달라진다.

머지않아 대선, 그리고 지자체 장들을 선출하여야 한다. 이제는 국민이 좋은 사람을 선택할 때인 것 같다. 반드시 그곳에 올라야 할 사람을 가려야 한다. 우리는 좋은 사람을 선택하기 위하여 예를 갖추고 맞이할 준비를 하고 있다.

각 분야에서 성공도 하고 토박이로 지역 발전에 공을 세운 사람도 있을 것이다. 국가를 생각하고 고향을 위하여 일하겠다는 각오를 가진 사람들이 선거철만 되면 우후죽순처럼 일어나고 있다.

누구나 부귀를 얻으면 고향으로 가려고 한다. 금의환향(錦衣還鄕)이다. 그러나 금의야행(錦衣夜行)이라는 말도 있다.

이 말은 항우가 진나라 도성 함양을 함락하고 입성하여 성을 불지르고 자기 성공을 과시하려고 고향으로 돌아가려고 하니 한생이라는 사람이 이를 막았다. "이곳은 산하로 사방이 든든하고 토지도 비옥하니 이곳에 도읍을 두어 천하의 패권을 잡으십시오"라고 하였다.

그러나 초토화 되어버린 쓰레기더미보다, 고향으로 돌아가 지금의 자기 출세를 고향 사람들에게 과시하고 싶어 하는 말로 "부귀를 얻고도 고향으로 가지 않음은 비단옷을 입고 밤길을 걷는 것과 같다"라고 한 말로, 이렇게 성공하였는데 고향으로 돌아가 친구들에게 알릴 수 없을까 걱정했다는 이야기이다.

예나 지금이나 자기의 출세를 어려웠던 시절의 고향 사람들에게 알리고 싶은 심정은 마찬가지인 것 같다. 이런 공통된 약점, 지금도 조금만 출세해도 고향에 토지를 구입하고 크고 작은 행사 때마다, 얼굴을 내밀어 과시하고 지자체 장에 출마하여 능력을 과시하려는 사람들이 넘쳐나고 있다. 지금 이런 사람이 있다면 그 옛날 항우가 대승을 이루고도 일시적인 성공에 도취되어 부귀를 고향 사람에게 과시하려다 드디어 천하의 적수인 유방에게 빼앗긴 것을 알아야 한다는 말이 하고파 토포악발의 발(髮)이나 금의환향을 야행(夜行)으로 설명한 것이다.

표절(剽竊)

남의 시나 작문을 훔쳐 자기가 지은 것처럼 발표하는 것, 몰래 빠르게 남의 것을 훔치는 것이라고 하면 맞는 말이 될 것 같다. 왜 이런 어려운 글자를 써놓고 망설이고 앉아 있는가.

고혈압으로 매일 약을 먹으며 뒷골이 아프다 호소하면서도, 골치 아픈 것을 사서 만들어가고 있으니 그것이 문제이다.

TV나 신문에 온통 표절 시비로 요란스럽다.

교수가 제자의 논문을, 그리고 남이 힘들여 만들어 놓은 것을 발표도 하기 전에 자기가 만든 것인 양 사용하는 사례가 허다하다. 이런 것을 표절이라 한다. 우리사회는 밝고 투명한 것을 원하면서도 남의 좋은 것을 보면 탐을 낸다.

저작권(著作權)이나 특허권(特許權)들도 같은 것이다. 남들이 힘들여 만들어 놓으면 그것을 모방하는 것도 아니고 똑같이 만들어 내 것, 내가 만든 것이라 한다면 참으로 어처구니없는 일이다.

그러나 이런 일들이 어제 오늘의 일인가? 내가 직장을 많이 옮긴 것도 이와 비슷한 일들로 인하여 피치 못할 사건들이 발생했기 때문인 것 같다.

모 회사에서 계장으로 있을 때이다. 과장님이 생산에 차질을 주지 않고 산업안전 방안을 강구할 수 있는 안을 기안해 올리라고 독촉했다.

내 딴에는 심혈을 기울여 작성하여 결재를 올리면, 이것도 서류라고 올리느냐면서 볼펜으로 쫙쫙 그어 내팽개치며 다시 해 올리라고 호통을 쳤다.

그러나 며칠 후면 문구 하나도 변한 것 없이 새롭게 타이핑해서 사장의 결재를 받아 우수한 안이라 칭찬을 받는 일들이 허다하니, 공은 부하가, 훈장은 장교가 받는 것을 당연한 것으로 알고 살았다.

어디 그뿐인가. 교수의 강의와 설명을 들으며 그의 학식을 배우고 그가 하라는 대로 논문을 쓴다. 배운 것을 내 주관대로 생각하고 비판하여 스승을 능가하는 논문을 내놓을 수 있다. 이런 것을 청출어람(靑出於藍)이라 한다. 훌륭한 스승 밑에는 그보다 뛰어난 제자가 있기 마련이다.

이것이 발전이며 교육의 보람이다. 교수의 가르침을 학생에게 지시하여 배운 바를 논하라 했다. 뛰어난 학생이라 교수를 능가하는 논문이 나왔다. 그래서 그 논문을 교수가 약간 수정하고 빼고 더하여 발표했다. 이것이 표절인가, 모방인가, 아니면 인용인가? 참으로 설명하기 어렵다.

요사이는 로열티라는 것이 있다. 남의 제품을 똑같이 만들어 파는 대가로 지급하는 권리금이다. 제품뿐 아니라 창작품, 심지어는 농산물에 이르기까지 다양하다.

딸기에 로열티가 붙고 장미꽃에도 붙는다. 지금까지 최고의 특허품으로는 노벨이 발명한 다이너마이트로 알고 있다. 평화의 목적으로 만든 제품으로 전쟁 목적으로 변하여 무고한 살생과 파괴에 이르니 참회의 심정으로 노벨상을 만들어 최고의 영예의 상으로 공인하고 있다.

그런데 원자폭탄은 특허가 없는지 다른 나라가 만들어도 로열티도 없는지 세상이 뒤숭숭하다.

저작권(著作權)하니 어디 글을 쓸 수가 있는가. 유구한 역사의 흐름으로 많고 많은 말들이나 표현이 사용치 않은 것들이 있을까. 아름다운 경관을 보고 감탄함은 당연한 것이다. 표현의 자유인데 '한 폭의 그림 같다'라고 하면 이 표현도 수많은 사람들이 사용하고 있다. 처음 사용한 사람이 누구인지는 모르나, "그것 내가 한 말인데…" 하면, 이것도 표절이 되지 않을까 심히 걱정이다.

수많은 현인들이 남긴 주옥같은 글들, 작자는 모르지만 떠도는 많은 속담들, 그것들도 다 저작권이 있다면 있는 것이거늘, 자기 것이라면 불고하는 어수선한 세상이다 보니 내 마음대로 표현하기도 어려운 것 같다.

순수한 내 것, 내가 창작하는 그런 것이 과연 얼마나 될까. 지금 내가 써가고 있는 글이나 말들도 과거에 이미 누가 한 것들이 틀림이 없으니, "이런 말이 있다, 이런 글을 어디서 읽은 것 같다"고 하면서 무사히 넘어가려는지도 궁금하다.

언젠가 세상을 떠들썩하게 한 줄기세포 관련 논문도 연구원의 실수로 없는 것이 있는 것으로 둔갑하였다. 공동저자들이라 연대 서명한 많은 인재들이 떼돈을 벌려는 욕심에서였을까?

너무나 초라할 정도로 세상을 온통 소용돌이치게 한 장본인들은 물론 많은 아까운 인재들이 무더기로 매장되는 사회이니 남의 것도 소중하지만 내 것도 지키기가 참으로 어려운 세상이구나. 표절이라도 좋으니 옛날에 읽었던 좋아하는 시 한 수를 적어 음미하고 잠시 쉬었다 가자.

"강에 뜬 달 지팡이로 툭 치니
물결 따라 달그림자 조각조각 흐트러지네.
오호라 달이 다 부서지니
팔을 뻗어 달 조각 만져보려 하였지만
물에 비친 달은 본래 비어있는 달이어라.
우습구나 너는 지금 헛것을 보는 거야.
물이 잠잠해지면 달은 다시 둥그러질 것이고
품었던 내 의심도 저절로 없어지리.
한줄기 휘파람 소리 하늘은 드높은데
오래된 소나무 등결 비스듬히 누워있네.

달빛(月光, 月色, 月明), 도둑은 밝은 달을 두려워한다.

월하미인(月下美人)은 달빛에 더욱 아름다워 보인다. 달빛은 아무리 밝아도 곡식을 말리지 못하고, 여자가 아무리 좋아도 밥 대신 먹을 수 없다.

반딧불을 모아 그 불빛으로 글을 읽고 눈 위에 비친 달빛으로 책을 읽어 성공했다는 형설지공(螢雪之功)의 이런 말들은 내가 70평생을 살면서 듣고 보고 책에서도 읽고 한 속담들을 생각나는 대로 적어본 것이다.

이 세상에 달을 싫어하는 사람은 아무도 없을 것이다. 아무리 도둑이라도 밝은 달을 보면 착한 마음이 될 것 같은 내 생각이 옳았으면 하고 살자.

자작문구(自作文句)

이런 글귀가 있는지 모른다. 그러나 이런 글귀도 있겠지 하며 생각나는 글자라 써보았다.

알량한 실력으로 자작문을 만들고자 하는 것이 착각일까. 혼자서 학자인 양 건방지게 말도 안 되는 글자를 쓰고 있지는 않은지….

한문자를 섞어가며 유식한 척하느냐고 비난하는 사람도 있고, 그것도 글이냐 비웃는 사람도 있으리라. 그러나 내 뜻을 전하려니 부득불 아는 것이 그것뿐이니 사용하는 것이다.

한자에 토를 달고 한글을 한문자로 해석해야 하고 그리고 영어 혹은 제2외국어로 보충하지 않으면 우리들 주위에서 통용되는 말들을 이해하기 어려운 세상으로 변했으니, 말을 하면서도 그리고 상대의 말을 들으면서도 눈치어림으로 알아차려야 하는 신종 단어라고나 할까.

일종의 신조어(新造語)들이 수시로 만들어지고 있다. 우리들은 이렇게 빠르게 변천해 가는 세상을 어떻게 대처하고 살아야 하나. 과거를 고집하는 구세대나 현실을 추구하는 초현대인도 다같이 신구(新舊)를 외면한다면 반쪽 삶을 살 수밖에 없다.

과거 지식인이라 자처하는 사람도 지금 초등학생이 배우는 교과서가 생소하며, 신문이나 방송 매체에서 흔히 쓰는 단어들이 생소하게 느껴진다. 반면 현대 최고 학부의 최고 지식인이라 하는 사람들도 과거 한자로 된 말들이나 글들의 참뜻을 모르고 사용하고 있다. 그러나 이런 것들을 모른다고 꼬집어 무식하다고 볼 수 없다.

알면 좋고 몰라도 생활에 별 불편은 없으니 아는 대로 생활하면 되지만 조금 노력하면 폭넓게, 그리고 깊이 있는 삶을 살 수 있지 않을까라고 생각할 뿐이다.

나는 지금 고사성어와 두 자에서 다섯 자로 된 성어들까지 1,000여 개를 3권의 책에 나누어 일기라는 형식에 삽입하고 있다. 중복되지 않고 알기 쉽게 해석하려 노력하고 있으나 쓰다보니 중복되고 적절한 표현이 아닌 것도 있는 것 같아 세상에 내어놓기가 민망스럽다.

우리가 일상생활에서 사용하는 말들도 반복하면 잔소리로 들리고, 조리 없고 격에 맞지 않는 말을 하면 짜증스러운 일이거늘, 책으로 꾸며가는 자작문구에 삽입하는 것도 조리 있게 다듬어지지 않으니 이런 것이 나의 한계인가 생각된다.

자작문구가 무엇인가. 순수하게 내가 만들어낸 문장(文章)이랄까. 그런 순수한 것이 과연 있을까. 아버지가 지어주신 내 이름 석자도 전화번호부를 보니 20명도 넘으니 전국을 통틀어 찾아보면 얼마나 될까. 이런 동명이인이 허다하거늘 하나뿐인 자작문구가 있을 수 있을까?

혹시 이런 것도 표절일 수도 있겠다라는 생각도 해본다. 방송매체에서 개그맨들이 신조어를 많이 창조해 낸다. 그런 것들은 많이 사용하고 모방해야 인기가 높다고 한다.

좋은 말들도 무명인들이 하면 잡담이지만 인기인이 하면 잘못된 품위 없는 말도 인기가 있다.

그러나 나는 인기도 없고 무명의 사람이다. 좋은 글도 쓸 줄 모른다. 그러니 악평도 호평도 기대할 수 없다.

다만 몇몇 내 진심을 알아주는 이 있어서 "그래, 그런 것 같다"라고 한다면 다행으로 여길 뿐이다.

대도소도(大盜小盜)

크든 작든 도적은 다들 도적이다.

좀도둑과 강도를 비유해 보자. 차이가 있다면 배가 고파 빵을 훔친 장발장이나 불쌍한 사람들을 구하기 위하여 할 수 없이 의적(義賊)이 된 홍길동도 도적이다.

이들 주인공은 다들 소설 속의 주인공들이지만 다같이 의리(義理)있는 도적이다. 그 도적도 처음에는 마음씨 착한 사람으로 태어났으나 바르지 못한 사회적인 제도 때문에 자기의 의무를 다하며 충실히 살려고 해도 안 되었고, 그곳을 탈피하려다보니 본의 아니게 도적이 되고 말았다.

할 수 없이 도적이 된 의적과 더욱 부를 축적하려는 과욕으로 양심 따위는 아랑곳하지 않고 마구잡이로 남의 재산을 훔치는 도둑이나 강도, 경제사범들이 판을 치고 있는 세상이다.

인명을 해친 치한, 회사를 빼앗은 파렴치한, 대도(大盜), 나라를 망친 역도(逆道), 혹은 역적(逆賊), 그리고 지구를 병들게 하고 멸(滅)하게 할지도 모르는 무리들도 생겨날지 모른다는 생각을 하게 되니, 앞으로의 세상일이 궁금하다.

홍길동전(洪吉童傳)은 너무나 유명한 우리나라 최초의 국문소설이다. 조선 광해군 때 문인이며 정치가인 허균이 지은 책이다. 홍길동이 상반의 잘못된 사회 속에서 온갖 천대와 멸시를 받다 못해 산적 소굴로 들어가 힘겨루기를 하여 활빈당 당수가 되어 탐관오리의 재산을 빼앗아 어려운 백성을 구제한다.

'탐관오리를 응징하고, 억압받는 백성을 돕는다'라는 부분에서 국민 대부분이 크게 호응할 것 같다.

이런 홍길동전은 택당잡저(澤堂雜著)를 바탕으로 해서 허균이 지은 것으로 알지만 많은 의문도 가지고 있다. 그러나 최초의 국문소설로 당시의 사회현실을 절실하게 반영한 우리들의 영원한 마음의 소설이다.

택당집(澤堂集), 이 책은 이식(李植)의 잡서 중 산록(散錄) 부문에 전하는 글의 바탕을 근거로 이식을 홍길동의 저자로 여겨 왔다. 허균보다 18세 아래인 이식.

그 판본에 있는 글에 "…은하수(銀河水) 기울고 월색은 희미하여 수회(愁懷)를 돕는지라. 기분을 참지 못하여….

밤은 깊어 가는데 어찌 자지 않고 방황하느냐? 복망(伏望)하야 만수무강하옵소서. 아자(兒子)의 하직함을 보고 집수통곡(執手痛哭)하여 가로되… 길동이 밤에 와 슬피 하직함을 괴이히 여겼더니 이 일이 있도다."

이 글에 차설(且說)과 각설(却說)이 나온다. 차설은 다시 말해서이며, 각설은 발어사(發語辭)로 말머리를 돌릴 때 첫 머리에 쓰이는 말이다.

이 소설에서 길동은 홍판서의 서자로 태어나 천대를 받다가 적서 차별의 사회제도에 반항하여 이상을 찾아 집을 떠난다.

길동은 도적의 무리 활빈당의 괴수가 되어 빈민을 구제한다. 그러나 나라에서 길동을 잡으려고 하니 율도국으로 떠난다. 그리하여 길동은 그 곳에서 이상국을 세우고 정치를 행한다.

활빈당(活貧黨), 불의의 재물을 탈취하여 백성에게 나누어 주고 백성의 재물은 추호도 다치게 하지 않는 이런 것은 현실에서 흔히들 쉽게 말하는 '부유세를 만들고, 누진세율을 적용하여 평준한 세상을 만들려는 것과 일맥상통하는 것일까'라는 생각도 해본다.

그러나 바른 답이나 옳은 것은 예나 지금이나 찾기가 그리 쉽지만은 않은 것이 당연한 것 같다.

평등한 삶을 살 수 있는 그런 사회는 과연 존재할 수 있을까.

'유토피아(Utopia)'란 참으로 어렵고 해석하기가 난해하다. 우리가 늘 바라고 꿈꾸어 왔지만 이상향(理想鄕)이란 공상적인 정치로 구호뿐이다.

공상적으로 사회 체제를 개량하려는 계획은 이상가(理想家, Utopian)나 이상주의(Utopianism)자들의 현실가능성이 거의 없는 망상의 개혁을 꿈꾸기에 지나지 않은 것 같다.

사람의 외모는 완벽한 조건을 갖춘 것 같아도 내면은 전혀 다른 한계가 있는 허실투성이일 뿐인 것 같다.

유토피아를 부르짖던 토머스 모어 경이 국가의 최선의 정체(政體)와 새로운 섬 유토피아에 관하여 그리스어 제목으로 출판한 저서에서 '유토피아'라는 말이 처음 등장했다.

'아무데도 없는'이라는 의미다. 이성에 의하여 정책과 제도가 전적으로 지배 받는 이교도의 공산주의 도시국가를 그린 책자다. 국가의 질서와 위엄을 자기 이익과 권력 및 부에 대한 탐욕으로 분열되는 국가들 간에 사적·공적으로 공산주의만이 유일한 것이라 역설에 불과한 그런 사상 책자를 나는 20세 전후에 아무 뜻도 모르고 읽기도 했다.

사상이 무엇인지도 모르고 그 책들이 의미하는 것도 몰랐고, 그저 책이 있기에 읽었을 뿐인데, 아버지께서 그런 나를 많이 걱정하신 것으로 안다.

8·15해방과 남북분단, 좌우로 갈리는 비극의 역사 속에서 그저 있는 책을 읽었을 뿐인데, 그때는 그것이 부모님들에게 큰 걱정거리인 줄은 몰랐다.

체제가 다르면 사상도 다른 것인가. 사람마다 생각이 다른 것은 당연하다. 내 생각이 다르니 상대방의 생각도 다를 수 있으므로 상대방의 생각도 존중해야 한다. 나만을 고집하면 그것이 독선이며, 고집에 너무 집념해도 안 됨을 알았다.

집념은 마음속 깊이 새겨서 뗄 수 없는 생각이다. 하나의 일에만 정신이 쏠려 다른 것을 잃어버릴 정도의 집착이다. 나는 바둑을 안 두지만 바둑을 두는 친구들을 보면 대단한 집념이 있음을 보았다.

한판의 바둑 포석(布石)에서 행마(行馬) 전투를 벌인다. 마지막 끝내기, 그곳에는 꿈이 있고 희망이 있다. 이런 것을 인생에 비유한다.

처음 포석을 잘해야 한다. 중반의 국면(局面)에서는 욕망과 의지가 충돌하는 시비(是非)도 있다. 이제는 끝내기 인생이다. 그런데 한 집(戶) 졌다는 것이나 50집 진 것이나 패한 것은 동일하다. 그 한 집밖에 안 졌다고 자랑하면 하수(下手)라 한다.

그리고 바둑 국면을 유리(有利)한지 불리(不利)한지 형세파악(形勢把握)을 판단(判斷)할 수 있으면 고수(高手)나 프로라 하지만, 인생의 프로는 그보다 어려운 것 같다.

집념을 요하는 바둑, 나는 그것을 두면 머리가 아프다. 그래서 바둑을 두지 않는다. 그러나 인생은 그만둘 수 없으니 잘 조절해 나가려고 하나, 구절양장(九折羊腸)의 험한 산길을 가는 것보다 더 어려운 것 같다.

집념(執念)

사람은 욕구를 위해서는 집요한 바람을 가지고 산다. 오래 산다는 것이 한 오백 정도인가?

과거는 60을 1기로 "환갑, 진갑 다 지났는데 더 살아 뭘 하노"라고 했는데, 70(고희) 하다가 80정도 살았으면…. 하지만, 80세 노인도 말로는 "더 살아서 무얼 하노"라고 한다.

하지만 조금만 불편해도 병원을 찾고 보약이나 건강식품을 복용하고 꾸준히 운동도 하고 복지관 같은 곳에서 젊은이들도 선뜻 하지 못하는 춤도 배우기를 서슴지 않는다.

사람은 살아가는 동안 크고 작은 질병에 노출되어 곤욕을 치르기도 한다. 이런 질병들로 인해 조사(早死)나 조로(早老)로 변하기도 한다.

질병은 목숨을 앗아가기에 보약이나 보양식을 이용해서 질병을 치료하고 건강을 증진하려고 오묘(奧妙)한 약리작용을 지닌 물질들을 마구 섭생하려고들 한다.

그러나 이런 물질들이라고 누구에게나 똑같이 효용되지 않는다는 것을 모르고 있기 때문에 오히려 건강을 해칠 수 있으니 남이 좋은 효과를 보았다는 말만 듣고 행하면 안 된다.

우리나라 최고서(最古書)인 동의보감에는 인체와 질병에 대한 치료와 예방 그리고 보양강장에 대한 기록에서 회춘(回春), 불로장생할 수 있는 비법(秘法)까지 제시하고 있다.

서양의술인 양의학이 들어오면서 강력한 항생제(抗生劑) 시대에서 X선이나 CT 등 다양한 치료로 수술, 정형, 성형, 교정, 물리치료에 이르기까지 폭넓은 혜택을 누리고 산다.

이런 발달된 의술 속에서도 새로 생겨나는 문화병이니 냉방병이니, 무슨 증후군 하는 생소한 단어들이 생겨나니, 의학뿐 아니라 모든 분야에서 발전도 하며 부작용도 따르게 마련인 것 같다.

우리의 문화가 발달하게 된 동기 중 하나가 비누가 발명되고부터라는 말도 있다. 비누 때문에 질병도 반으로 줄어들고 평균수명도 많이 늘었다고 한다.

비누(Soap), 때를 씻는 세척제, 고급지방산의 수용성 알카리염을 주제로 만든 세정(洗淨)작용을 하는 지방산 염이다. 오염(汚染)의 제거와 재 부착(附着) 작용을 방지하는 물리적·화학적 반응들로 이루어진 것인데 종류도 다양하다. 비누와 세제의 화학적 구조는 기름에 잘 섞이는 소수기(疏水基)와 물에 작용하는 친수기(親水基)로 이루어져 있다.

비누의 역사도 처음에는 산양의 우지와 나무재를 혼합해서 만들었고, 영국에서는 재와 동물성 지방을 사용해서 만들다가 식염으로부터 소다를 만들어 제조하고 지방산과 알칼리염 비누, 그리고 글리세린을 이용한 비누와 지금의 합성세제가 등장하였다. 비누는 세척 목적 외에 화장비누와 향기, 색채 등을 첨가하여 수만 종의 비누가 생산되어 사용하고 있다.

이런 비누의 탄생으로 청결하여지고 세균의 오염원으로부터 벗어날 수 있으니 청결이 인간에 미치는 영향이 얼마나 큰가를 가히 짐작할 수 있다.

청결(淸潔), 맑고 깨끗한 것은 누구나 다 알고 있는 말이다. 사념이 없고 탐욕이 없이 품행이 바르게 몸을 닦자.

그리고 오염되지 않은 강정식품(强精食品), 물과 같이 첨가제로 알맞게 섭생한다면 비약(秘藥)이 따로 있을 리 없을 것 같고 좋은 비약도 그에 걸맞은 요법이 있는 법이다.

요법(療法)은 병을 고치는 법이다. 단식이나 절식을 하는 식이요법(食餌療法), 결핍으로 인한 보충요법(補充療法), 제거하는 세척요법(洗滌療法), 손질 마사지(퍼팅), 일광욕이나 선탠을 하는 화장요법(化粧療法), 몸을 닦는 목욕요법, 체질개선 조절하는 선택요법 등, 이밖에 지압(指壓), 침이나 뜸, 침구(鍼

灸) 등이 있다. 서양에서 말하는 마사지들도 혈액순환을 도와주니 기분이 좋아지고 시원하니 자연 통증이 소멸될 것이다.

이런 구침(灸鍼)이나 지압들도 우리 인간이 무병장수하려는 욕망과 의지에서 기인된 것이리라.

한 가지 요법으로 백 가지 병을 치료할 수도 있고, 백 가지 요법으로도 한 가지 병을 치료할 수 없는 경우도 있으며, 민간요법으로 치료할 수도 있고, 더 악화시킬 수 있는 사람도 있다.

"민간요법은 명의(名醫)를 화(禍)나게 하여 죽게 한다."

그릇된 요법으로 병을 치료하려 하니 알고 있는 의사의 심정이 어떠하겠는가. 이런 잘못된 요법을 요술(妖術)이라는 술수를 쓰면 안 된다.

병도 많지만 요법도 많다. 동종(同種)요법도 있다. 같은 병은 같은 병균을 사용해서 치료하는 항체(抗體)를 배양해서 질병을 예방하는 것이다.

질병의 존재를 사전에 제거하거나 혹은 약화시키어 신체의 방어능력을 자극하여 질병을 제거하려는 자구능력을 기르는 것도 요법에 속한다 한다. 이런 많은 요법을 상세히 논할 수 없으나 이런 요법이 있다 하는 정도로 족한 것이 나의 실력의 전부다.

구개음화(口蓋音化)

간단한 말로 입천장소리이다. 말에는 된소리 혹은 치음(齒音)이니 하여, 소리 나는 대로 말하고 싶은 대로 말을 하려고 한다. '굳이' 따지지 않고 '구지'라 읽는다. '신라'라고 써놓고 '실라'라고 읽으면 말하기 편하여 좋다. 이런 말들이 많다.

내가 철들기 전 다섯 살쯤인 것 같다. 처음 글자를 대한 것으로 기억하는 글자가 김(金)자인 것 같다.

이 글자는 천자문 3페이지 첫줄에 나오는 금생여수(金生麗水), 옥출곤강(玉出崑岡)하는 글귀이다. 앞 페이지는 떨어져나간 천자문이다. 그곳에 "내 성씨인 김(金)자" 하다가 읽힌 것으로 짐작되는 글자이다.

"금은 여수에서 나고, 옥은 곤강에서 난다"로 해석되는 글이다. 그 후 철이 들면서 '왜 금을 김이라 읽는가. 여수나 곤강은 지명으로 해석함이 맞는 말인가. '외'가 왜로, '외군'이 왜군으로 쓰이는데 소리 나는 대로 쓰고 사용하면 안되는가?'

두음법칙(頭音法則)은 단어 첫머리가 발음하기 까다로워 쉽게 고치는 음운규칙이다.

연(年), 여자(女子), 양심(良心), 이발(理髮) 등과 같은 원음대로 쓰면 발음하기 거북스럽다. ㄹ이 ㄴ으로 바뀐 낙원(樂園)으로 읽으니 편리함을 알았다.

우리는 이렇게 당연한 이치를 배우지 않고 관심을 두지 않으면 우리말도 정확히 모르고 사용한다.

요사이 산악회 이름으로 널이 쓰이는 '낙산낙수(樂山樂水)'라고 쓰고도 '요산요수'로 읽고, 운전면허증을 '갱신(更新)'한다와 이제까지 있던 제도나 기구를 고쳐 새롭게 함을 '경신(更新)'으로 읽기도 한다.

'패배(敗北)'를 '패북'이라 써놓았다. 북이 진 것이다.

그러나 그것은 오답이다. 패배라 읽어진 것은 맞으나 북이 진 것이 아니라 전쟁에 져서 달아나는 것을 뜻하는 말이다.

내 이름을 영자로 쓰려면 홍선의 선을 'SUN'이라고 쓴다. 그런데 일부 사람들은 '순'으로 읽어 난처한 경우도 당한다.

언젠가 여행길에서 가이드가 "홍순 씨!"라고 호명하는 소리에 크게 난처하여 웃은 일도 있었다.

철들기 전에 배운 김(金)자나, 일제강압 시절 1학년에 입학하여 일본 '가타가나'를 막 외우려다 해방을 맞이하여 다시 '가나다라' 우리글을 배우고, 그리고 영어 '알파벳'도 익혔다.

띄엄띄엄 읽은 논어에서 요산요수 글귀를 발견하고 즐겨 사용하기도 했다.

1편 신호등에서 설명했지만, "산과 물을 좋아하다" 내가 너무 좋아하는 글귀이므로 다시 음미해 보자.

"자연인! 어진 사람은 산을 좋아하여 고요하고 장수한다. 지혜로운 사람은 물을 좋아해 움직이며 즐겁게 산다."

사람은 산과 물을 찾아 인자(仁者), 지자(知者)를 만든다는 뜻이다. 산수는 자연이다. 인간에게는 훌륭한 스승이다. 한글이나 한자도 이렇게 다르게 읽는다. 우리는 한자 문화를 가진 민족이다. 그러다 우리글이 생겨나 혼용하니 편리하다.

그러다 영어와 제2외국어가 몰려드니 어안이 벙벙하다.

우리의 이름도 돌림자라는 것이 있어 한문 이름을 즐겨 쓰고 있다. 얼마 전 뉴스에서 자기 이름을 한문으로 쓰지 못하는 중·고등학생이 20%나 된다고 한다.

쓰고 못 쓰는 것이 중요한 것이 아니다. 불편하고 어려운 이름자를 써야 하는 그것이 참으로 어려운 문제이다. 그래서 우리말로 이름을 짓는 사람이 많이 늘고 있으나 그 또한 문제이다. 처음이라 혼란스럽기 때문일까. 길게 나열하여 부르고 쓰니, 일제강점기 때 수치스러운 개명이나 단발령 정도는 아니지만 유교 풍습과 가문을 고집하는 사람들의 비난의 대상이 되고 있다.

이런 문제를 어떻게 슬기롭게 넘겨야 하나.

지혜 있는 삶을 살자.

서로 힘이 같아 비기는 것을 '상살(相殺)'이라 써놓고 '상쇄'로 읽는다. '서로 죽이다'라는 흉한 의미가 아니고, '서로 힘이 엇비슷하여 비긴다'라는 의미이다.

서로 손해 볼 것도 이익 될 것도 없는 그런 삶도 좋지만 그래도 이웃 간에 어느 정도 도움도 주고받으며 사는 것이 정이 넘치는 사회일 것 같다.

상쇄이당상살(相殺以當償殺), 사람을 죽인 자는 반드시 사형에 처한다. 이런 내용은 역사책에서 배운 고조선 8조 금법의 내용이다. 사람을 죽인 자는 즉시 죽음으로 갚는다. 남에게 상처를 준 사람은 곡식으로 배상하고, 도둑질 한 사람은 그 집 종으로 삼는다 등의 세 가지만 전해진 것으로 안다.

형벌에는 가두어 두는 금고(禁錮), 부역(負役), 복무(服務), 태형(笞刑), 훈방(訓放)들로 구성되어 있으나 모든 형과 벌은 인과응보(因果應報)설과 교화(敎化)시켜 속죄하면 감형해 주어야 한다는 교육형설이 대립하기도 한다.

우리는 너무 끔직한 범죄를 목격하며 살아가고 있다.

상쇄, 서로 죽이는 것이 아닌 서로 비김으로 감형한다는 말이니, 죄를 짓지 말고 잘못을 저지르면 속죄(贖罪)하는 사회를 바라는 마음에서 상쇄의 뜻을 아는 대로 적어보았다.

정당방위(正當防衛)

인간이 세상을 살아가려면 자기를 스스로 지켜야 한다. 부당하게 상대로부터 피해를 본다든가, 심지어 생명에 위협까지 받을 수 있는 세상이고 보니 과잉방어라도 해서 자신을 지킴이 당연하다.

상대를 때려 주었다는 소리를 들을지언정 맞고 살 수는 없다는 듯이, 그것보다 더한 소리를 듣더라도 자신을 보호하려고 애쓴다. 이런 극단적인 말이 왜 생겨났을까.

날로 어지러워져가는 세태 속에서 무리들로부터 본의 아니게 피해를 당하면서 자연히 터득된 것이리라.

"나는 나 자신을 방어했을 뿐이다. 우리의 죄가 아니라, 그들의 죄이다. 나는 신을 섬기고 그 지시에 따랐을 뿐이다. 나를 심판하는 자 누구인가. 내가 본 것은 신이 아니었다면! 그러면 그것이 과잉방어(過剩防禦)인가, 오상방어(誤想防禦)인가? 성자와 성부의 이름으로 너의 죄를 사하노라. 전지전능하다는 신이 무엇이 모자라고 부족해서 신의 사자를 보내어 중생을 제도하려 하는가. 나는 신도 사악함도 모른다…."

영화 속 대사 중에서 좋은 말들이 많기에 적어보았다.

잔 다르크, 잠이 안 오는 밤은 긴 법이다. 오늘밤도 쉽게 잠들기는 어려울 것 같다. 거실로 나와 TV를 켰다. 명화 시간인가. 소리가 요란하다. 조그만 TV 화면 속을 꽉 채운 병사들이 말을 달리고 칼과 창을 들고 춤을 추듯 불을 지르고 피투성이가 되어 전쟁을 하느라 아우성들이다. 왜 할 일 없이 남의 TV 속에서 아우성들인가.

유럽의 가장 치열했던 100년 전쟁으로 인해 프랑스는 영토의 반 이상을 잃고 트로아 조약으로 왕권마저 강탈당한다.

샤를7세는 대관식을 거행하려 하지만 영국군에게 점령당해 희망도 기대할 수 없는 가장 암울한 시기이다. 오직 프랑스를 구해낼 수 있는 것은 기적뿐….

그런데 그 기적이 로렌의 작은 마을에서 프랑스의 빛, 신의 선물이 자라고 있었다. 13세 소녀가 기도하며 신과 대화를 나누는데, 그 대화의 내용이 지극히 종교적이라 이색적이다.

영국군에게 잔인하게 강간당하여 죽어간 언니의 참혹한 광경을 목격한 그녀는 그들을 결코 용서치 않으리라 맹세한다.

하나님과 하나 되기 위해 선혈의 포도주를 마시고, 신의 메신저가 된 잔다르크는 샤를7세에게 편지를 보낸다.

군대를 주면 조국을 되찾겠다는 각오에 군대를 지원받아 오르데앙으로 가는 난공불락의 요새를 공격한다.

“나를 사랑하는 군사들이여! 이 밤이 오기 전에 우리는 승리한다!”라고 외치며 깃발을 들고 전진하는 잔다르크를 보고 프랑스군은 사기를 드높여 대승을 얻는다.

잔다르크는 피를 흘리는 시신의 모습에서 신(神)을 보고 괴로워하지만 전장에 앞서 혼자 적진으로 나아가 외친다.

“헨리 왕에게 전한다. 이것은 명령이다. 이 들판에 묻히고 싶지 않으면 물러가라!”

결국 기적적으로 승리하여 영국군은 철수하고 그래서 프랑스 왕은 대관식을 올리게 된다.

지치고 굶주린 백성들은 잔에게 많은 격려의 편지를 보낸다. 왕은 잔의 도움으로 왕권을 되찾았으나 못마땅하게 여긴다.

프랑스 지도자들이나 영국의 지도자들도 그녀의 성공을 마법과 요술이라 결론지어 이단이라는 죄를 추가하여 그녀를 배반, 체포하여 재판에 회부한다. 그러나 그녀는 온갖 시련을 굳건히 이겨낸다. 그녀에게 뒤집어씌운 이교도의 죄명을 합리화하기 위하여 영국의 목사와 신학자들의 주고받는 말들, 그리고 그의 현명하고 지혜로운 답변에도 불구하고 부패한 법정은 그녀에게 유죄판결을 선고한다.

프랑스를 구한 잔다르크는 화형에 처해졌으나 영원한 성녀로 추앙되리라는 것밖에 모르는 신앙에 대한 내 지식의 한계이니 서술한 명언들과 감명 받은 많은 말들만 뇌리에 기억된다.

우리의 순국열사인 유관순을 연상케 하는 그런 찡한 영화라고나 할까. 아무튼 너무나 많은 감동을 받았다.

안중지인(眼中之人), 눈 속에 있는 사람, 정든 사람, 눈앞에 있는 사람, 평생 사귄 사람을 일컫는 말이다.

오래만에 젊은이들이나 즐기는 영화 한편을 늦도록 보느라고 늦잠을 잤다. 강력한 영화 때문일까? 꿈자리가 어수선하다.

눈을 뜨고 천장을 바라보고 있노라니 지나간 다정한 얼굴들이 아른거린다. 나에게 직계가족 말고 보고 싶은 얼굴이 있다면 누구일까. 이것저것 마구 머리를 뒤흔든다. 알 듯 말 듯한 아련한 얼굴들이 나를 괴롭힌다.

품성(品性)이 착한 사람, 모진 사람, 고맙고 다정했던 사람, 그리고 진피스러워 꺼리던 사람들까지 떠올라 비교도 해보지만 누가 좋고 그른지 결론을 내리기 어렵다.

'각자의 성품이 다르거늘 그와 그를 비교하지 말자.'

이 세상에 태어나서 나는 자녀 셋을 두었다. 이것이 내가 이룩한 업이다. 그 외는 별로 신통한 것이 없다.

그러니 그 셋의 도움을 받으며 살면 그것이 축복 받은 삶이라고 알고 살면 되지 더 이상 바라는 것은 과욕이다.

과유불급(過猶不及), 넘침은 모자람만 못하다 했다. 조금 모자라는 것은 채울 수 있다는 여유이다.

설계(設計, Plan)하자. 불가능(不可能, Impossible)은 없다. 내게 맞는 설계를 하여야 한다.

그러나 자신이 초인(超人, superman)인 줄 알고 착각(錯覺)하거나 착란(錯亂, delirium)마저 일으킬 수 있다. 남의 집 축제(祝祭, festival)나 잔치를 내 것으로 착각하지 말고 환상을 버리자. 그렇다고 좌절은 나를 더욱 초라해지게 할 수 있으니 중간입장(Neutral)을 유지하면 되지 않을까. 많이 쓰이는 단어라 표기해 보았다.

산중여유인대작(山中與幽人對酌), 세상사 귀찮아 사람을 피해 산수와 더불어 사는 사람과 산속에서 대작하다는 뜻이다.

청운지지(青雲之志)는 당나라 문인 장구령(帳九齡)이 "거울을 비춰 백발을 보다"라는 뜻의 '조경견백발(照鏡見白髮)'이라는 오언절구(五言絶句)의 한 대목이다.

옛날 청운의 뜻을 품고 벼슬길에 나아갔는데(青雲之志)
다 늙은 지금에 와서 차질을 빚게 되었네.
누가 알리요, 밝은 거울 속의 그림자와
그것을 보고 있는 내가 서로 측은히 여기고 있는 것을….

힘들게 생활하는 사람들이 자기 품행을 닦아, 이름을 후세에 남기려 해도 청운의 힘을 빌리지 않았다면 이름을 후세에 남길 수 없다는 말이다. 이 말 역시 내가 즐겨 쓰는 말이라 써보았다.

대학지도(大學之道)

대학의 도는 세상을 살아가는 바른 마음의 이치를 배우는 길로써 밝은 덕을 밝히고, 백성을 새롭게 하고, 지극한 선에 이르는 데에 있다.

머무를 곳이 있어야 정함이 있고, 정함이 있어야 동요치 않을 수 있다. 그래야 안존(安存)할 수 있다. 안존한 뒤에야 생각할 수 있다. 생각한 뒤에야 얻을 수 있다.

이런 글들을 다시 생각나게 하는 날이다. 안전하다 할 때 주의하고, 편안할 때 즐기는 데 지나치지 말자. 착한 사람을 사귀되 지나치지 말고, 간사한 사람을 버리되 의심하지 말고, 의심스러운 일이면 주의하여 서행하면 된다.

이런 말들을 듣고 하면서도 실천함을 외면하고 사는 것 같아 안타깝다.

노소이량(老少異糧), 늙고 젊음에 따라 음식을 달리해야 한다는 말이다. 이 글은 천자문에 나오는 글이다.

내가 좋아하는 음식이라고 손자들에게 "몸에 좋으니 먹어라" 하며 강요하면 안 된다. 먹는 것은 식성이 아니라 인체의 기능의 차이에서 오는 당연한 욕구라는 뜻을 모르고 살았다.

이제 70을 살고 보니 젊고 늙음과의 차이라는 것을 어렴풋이나마 알 것 같다.

어차피 인생을 살아가는 데 있어서 정확한 공식이나 법칙이 있을 수 없듯이 자기의 생각과 능력대로 살아갈 수밖에 없다. 흔히들 공수래공수거(空手來空手去)라는 말들을 자주 한다.

빈손으로 왔으니 빈손으로 가는 것은 당연한 이치이나 그가 머물다간 자리가 어떠한가에 따라 그의 인생 생활이 아름다웠는지 어지러웠는지 평가되는 것 같다.

인생은 다 놓고 갈 뿐이지만 무엇을 남기고 갔는가. 아름다운 덕을 쌓아 명성을 남겼는가. 아니면 남은 사람들에게 피치 못할 오욕을 남겼는가가 중요하게 생각된다.

요새는 고령화 사회로 사람들은 노후생활을 걱정하며 산다고 한다. 과거 대가족 사회가 핵가족으로 변하더니, 이제는 아예 사회생활이나 단체 활동 등 다른 사람들과 어울리는 것에는 관심이 없고 여가 시간을 혼자 보내는 '나홀로족'이 증가하는 추세라고 한다.

과거 효를 미덕으로 알고 살아온 우리들에게 노후생활은 심각한 사회문제로 대두되고 있다.

말로는 빨리 죽어야지 하면서도 한 오백년 살 것처럼 여기는지 몸에 좋다면 무엇이든지 가리지 않고, 힘든 등산도 거르지 않고 건강을 가꾼다.

오늘도 앞산으로 산행에 올랐다.

원색의 옷을 입은 인파 속 남녀노소의 배낭이나 손에는 어김없이 페트병 음료수가 들려 있다. 그러나 그들이 머물고 간 자리에는 버려진 병들과 쓰레기들이 참으로 어지럽다.

그리고 건강식품인지 보약인지 모르겠지만 자기들의 건강을 위하여 배즙, 포도원액, 무슨 소주, 그리고 녹용이 든 보약이라 써 있는 두꺼운 비닐봉지들이 나뒹굴고 있다. 참으로 가관들이다.

저런 것들을 먹고 자연을 찾아 운동도 하며 오래 살려고 몸부림치면서도, 왜들 아름다운 자연은 생각지 않고 자기 몸을 위하여 마신 보약 봉지를 함부로 버리는가.

작은 저 비닐봉지는 백년도 더 넘게 오랜 세월동안 자연을 병들게 할 것을 알면서도, 나만은 건강하게 오래도록 살려고 한단 말인가.

육체만 건강한 것보다는 정신적 건강이 앞서야 하거늘 저런 사람은 마음이 건강치 못하니 마음부터 바로 하고 보약을 먹거나 운동을 한다면 더 행복한 삶을 살 수 있으련만….

이런 보잘것없는 글이라도 그들이 읽는다면 아주 조금이라도 도움이 되었으면 하는 마음에서이니 다음 산행 길에는 아무리 작은 껌 조각이라도 지정된 쓰레기통에 버리도록 하자.

그런데 대부분의 쓰레기통들이 차고 넘쳐서 주변이 어지럽다. 그래도 그곳에 버리면 누군가가 쉽게 처리할 수 있을 것 같다. 썩지 않는 화합물의 쓰레기들 때문에 많은 문제가 발생한다. 소각하면 다이옥신이라는 유해물질이 나오고 매몰하면 반영구적으로 토양에 피해를 주니 그것이 공해이다.

지정된 소각장으로 보내져야 하는 물건들이나 재활용될 것들을 구분하여 버리자. 그리고 이를 처리하는 담당 부서의 사람들도 책임 있게 해야 할 것 같다.

귀찮아서 소각할 것들을 매몰하면 분리수거 의미가 없어진다. 이런 말을 하는 나 자신도 다시 한 번 뒤돌아보자.

언젠가 나도 죽는다는 것을 잊고 살기에 삶에 집착하고 산다. 평생 일해서 얻은 대가도, 모은 재산도 보잘것없어, 죽는 날까지 굶지나 않을까, 그것을 걱정하게 된다. 이런 것들도 욕심인가?

말로는 걱정 없다. 원도 없이 살았다 하면서도 힘들여 얻은 자격증들을 아까워하고 남들이 잘 꾸며 놓은 주택이나 농장들을 부러워한다.

이제는 다 소용없다 하면서도 하고픈 일들이 너무 많이 남아 있다. 하지만 나보다 나은 사람들이 넘치니 내 능력도 한계에 달한 것이다. 그래도 운전면허증은 지금도 유일하게 쓸 수 있으니 다행이다.

아내와 드라이브도 하고 쇼핑도 즐긴다. 그때마다 아내가 하는 말이 있다. 당신이 운전하면 참 편하다고….

그래도 아직은 나를 신임하는 사람이 있어 다행이다. 시간이 있고 차가 있다 해도 건강이 좋지 않아 운전마저 자유스럽지 않아서 같이 동행할 사람도 꺼린다면 얼마나 한심한 삶이겠는가. 늙을수록 의지하는 곳이 있어야 할 것 같다.

늙어서 건강하게 오래 살려고 자식이 보약을 사다주길 바라지도 않는다. 아내가 차려주는 밥이 보약이다. 그 보약을 먹으면 웬만한 병도 자연 치유된다. 병이 없으니 비싼 보약도 필요 없다. 그러나 비뚤어진 마음은 백약도 무효하다.

양약고구이어병(良藥苦口利於病, 충언역이이어행(忠言逆耳利於行), 즉 좋은 약을 입에 쓰나 몸에는 이롭고, 좋은 말(충언)은 듣기에 거슬리나 행함에는 이롭다.

아내의 잔소리는 쓰다.

남들이 하는 말에는 잔소리보다 칭찬이나 듣기 좋은 말이 더 많다. 그러나 그 달콤한 칭찬의 말과 아내의 잔소리 중 어느 것이 보약인지는 나 스스로 잘 알고 있다.

쓴소리가 몸과 마음에 좋은 것을 알지만 달콤한 소리만을 원하니, 내가 칭찬 받을 일을 했나 뒤돌아보게 된다.

아내의 쓴소리가 나에게 달콤한 소리로 들리게 된다면 그것은 진정한 사랑과 행복의 길일 것이다.

전문가(專門家)

사람은 자기가 좋아하는 하고 싶은 일을 해야 한다. 전문가라 해서 자기 직업에 긍지만을 느끼며 살지는 못한다.

나도 살기 위해 자격증도 따고 기능과 기술도 습득했다. 그 일감을 찾아 떠돌이 생활도 하면서 하기 싫은 일도 할 수밖에 없었다. 그러다 보니 자연 숙달도 되었고, 나도 모르는 사이에 전문가가 되어 있었다.

전문가가 아닌 전문인, 대기업의 부장에서 단종 건설업체의 소장 자격으로도 변신하여 갑(甲)도 되고 을(乙)도 되기도 하고 직접 회사도 운영해 보았다. 갖가지 건설공사를 두루 거치면서 토공 건설현장의 모든 공사들을 다 경험해 보았다.

공단조성, 지하철공사, 하고 많은 도로확장, 포장공사, 항만, 간척공사, 터널, 교각 공사, 골프장, 광산이나 화학공장에서 안전요원과 교육 담당에 이르기까지 설계 · 시공 · 감리 자격을 두루 갖추었으나 지금은 다 소용없는 전문인이 아닌 자연인이 되고 말았다.

필요했기에 배웠고 배워야 했기에 필요시마다 책을 보고 힘들게 배웠다. 전문분야에는 자격증도 참으로 많기도 하다. 그런데 그런 자격증과 이력으로 생활하다 보면 부당한 처우나 모함이나 오해도 따르게 마련이다. 그러니 법도 알아야 한다.

민법 · 형법 · 형사소송법 · 노동 · 위생 · 환경 · 소음공해까지 필요 없는 것이 없다. 내가 살고 내가 담당하는 종업원을 위해서, 그리고 부당한 요구를 내세우는 민원들이나 구내식당 운영을 위하여 영양사의 일까지 챙겨야 하는 일들이 너무 많으니 만능인생이 되어야 하는 것이 건설현장이다.

그러다보니 난센스도 많이 발생한다.

도심지 지하 터파기 공사에 진동과 소음분진 없이 할 수 없고, 비좁은 산길을 확장하자면 자연이 훼손됨이 당연하다. 재건축으로 시세보다 나은 보상금을 받아 좋은 환경으로 이주하고도 그곳에 남아 계속 갈 곳이 없다 아우성치고, 공사와 무관한 곳에 있는 목장들도 진동소음으로 가축들이 스트레스를 받는다고 한다. 특히 발파작업에 민감하다. 지금은 도심지나 농촌, 산골 할 것 없이 발파작업은 무조건 거부반응을 일으킨다. 그러나 모든 일에 불가능은 거의 없다. 거기에 맞는 특수공법으로 가능한 것들이 있다.

그러나 예산을 일반 공사로 편성해 놓고 특수공법으로 시공하려다 보니 문제가 따르기 마련이다. 불가능을 가능케 하려니 편법이라는 것이 동원된다. 가능한 편법, 그것은 속임수이거나 각종 공해나 주위에 피해를 입히게 되어 결국은 부실공사가 되고 만다. 부실공사인 줄 알면서도 해야 한다. 그렇게 하지 않으면 무능한 직원이라고 낙인찍힌다.

무능은 퇴사를 의미한다. 이것이 과거 내가 걸어온 건설현장 이야기의 일부이다. 그렇게 무리를 해서라도 금액과 공사기간을 맞추어야 한다.

과거 우리는 군대생활에서도 신발이나 옷과 같은 군수품도 신체조건에 맞추기보다는 있는 그대로 불평 없이 그것에 맞추었다. 명령에 따라 오직 복종밖에 없는 군대생활과 같이 건설현장도 어떠한 악조건이라도 끝을 내야 하는 것은 당연한 일이라 여기고 살았다. 그런 시행착오를 거듭한 끝에 빠른 발전을 가져 왔다. 오직 해야 한다는 의지 하나로….

그러다 보니 다행인지 불행인지 세계 최고라는 찬사나 오명을 남기기도 했지만 지금의 건설 분야뿐 아니라 모든 면에서 세계 최고의 신화를 낳고 있다.

탐독완시(耽讀翫市), 독서를 좋아해서 저잣거리에서도 책을 읽는다. 내가 좋아하는 글귀로 나도 책읽기를 좋아했다.

요즘은 속독법을 하는 사람이 많다. 보고픈 책이 있으면 서점에 들러 빠른 속도로 읽는 사람들도 많다.

서점에 선 채로 무엇인가 열심히 읽는 사람들을 보면 신기할 정도였는데 요즘은 차츰 책을 읽는 사람들이 줄어든다.

과거에는 알고 배우려면 남의 어깨 너머로 배웠다는 말이 있을 정도로 책도 귀했고, 체계적인 교육을 받기가 쉽지 않았다. 나도 전공과는 다른 길로 빠지고 말았다.

어깨 너머로, 그리고 알아야 했기에 책으로 배운 자격증 덕택으로 전공도 아닌 안전요원이 되어 교육담당을 맡기도 하였고 강의도 하였다.

나보다 윗사람을 상대하는 강의는 참으로 곤혹스럽고 고달팠다. 그들보다 무엇인가 하나라도 더 알아야 했으니 책을 보고서라도 공부해야 했다. 그래야 비난과 야유를 면할 수 있었기 때문이다.

'이런 말을 하면, 이런 질문이 나오면?'하고 미리 가상하여 준비해야 했다.

그들 중견사원에게는 교재도 필요 없었다. 전문가들이기에 나보다 몇 수가 위이다. 다만 자격증 급수가 내가 위일 뿐이었고, 교재와 전혀 관계없는 내용으로도 몇 시간씩 주고받아야 하니 모든 것을 알고 기억해 두어야 했다.

질문도 상상을 초월한다. 자기들은 이미 다들 알고 있는 어려운 문제를 골라 물어본다. 정확히 답하지 않으면 웃음거리가 된다는 사실을 미리 짐작할 수 있었다.

이런 난처한 일들이 어디 강의뿐인가.

알긴 알되 확실히 모르는 것이 내 실력이었고, 그리고 모든 사람들이 공통된 것이기에 그들보다 조금만 노력하면 "역시!" 하는 찬사를 받을 수 있는 백지 한 장의 차이일 뿐이다. 그 백지 한 장의 차이를 위해서 남이 만들어 놓은 책을 읽는다. 같은 책을 읽어도 구석구석 다 읽어야 한다. 같은 책을 같이 읽고도 그 책을 이야기하면 그런 말이 어디 있느냐고 반문하는 경험을 당한 사람도 있으리라. 이런 것들이 정독(精讀)과 난독(亂讀)의 차이이며, 백지 한 장의 차이로 1급, 2급으로 나누어진다.

혼자서 책으로 배워 전문가들 앞에서 강의를 하자면 저들을 어떻게 속일 수 있을까 하는 생각을 하면 안 된다.

"제가 알기에는…" 하는 당당한 의사표시로 명강의가 될 수 있다. 그리고 신입사원의 교육시간이 더 곤혹스럽다. 그들은 때 묻지 않았기 때문에 사실 그대로만 받아들이려고 한다.

'내가 경험자이니 너희들 쯤이야!'라고 생각하면 그것은 큰 실수이다.

그들은 이론만을 배웠기에 이해할 수 없는 것이 너무나 많을 수밖에 없다. "이렇게 배웠는데, 책에는 공식이… ?"라고 원칙만을 질문하며 더 깊이 알려고 한다.

어느 정도는 알아듣고 넘어가 주는 중견사원들의 교육이 수월함을 알았다. 학문은 깊이를 알 수 없으니 심오하다 했다.

둥근 수박을 먹어보면 알겠지만 각기 다른 수박들이다 보니 잘 익은 것, 설익은 것, 씨가 없는 것도, 금방 따온 신선한 것, 오래된 것 등등 어찌 다 알 수 있겠는가.

'보기보다'라는 말이 있듯이 눈으로 보는 것만으로 사물을 판단해서는 안 된다. 맛을 보아야 맛을 안다.

TV 광고에서 "너희들이 게 맛을 알아?"라며 묻는다.

모른다. 먹어봐야 맛을 알지…. 당연한 말이다.

포어팽재(飽飫烹宰), 배가 부르면 삶은 고기도 그만 먹는다. 시장이 반찬이라는 말이 있듯이 배가 부르면 산해진미도 관심 밖이다. 포어(飽飫), 배가 불러서 먹기 싫다.

참으로 배부른 소리이다. 우리가 가난을 면한 지 반세기도 되지 않았다. 배가 고프면 찬밥 더운밥 가릴 겨를도 없다는 말이 있듯이 우선 당장 몸담을 직장을 얻어야 먹고 살 수 있기에 필요로 하는 것만을 배워야했고, 전공이든 문학이나 취미, 그리고 종교나 오락들은 잊고 살았다.

현실에 쫓기다 보면 취미(趣味)생활이란 염두에도 둘 수 없다. 지금도 포어의 뜻대로 먹기 싫을 만큼 배가 부른 것도 아니지만 어문(飫聞)의 뜻과 같이 되풀이되는 말이나 음식도 싫어지고, 어가(飫歌)라는 술잔치 때나 부르는 감미로운 노fot소리나 어사(飫賜) 흡족할 만큼 술과 음식을 대접받는 어연(飫宴)을 베풀고 술잔치를 베푼다 해도 지금은 별 흥미가 없다.

배부른 소리도 혈기왕성할 때 일이지만 과거 내가 지나온 길은 직장에 맞는 일을 해야 했기에 단지 설계나 시공 그리고 각종 민원에 시달리다보면, 다른 좋은 것들이 있는지도 모르고 산 것 같다.

이제는 모든 것이 다 지나갔다. 뒤돌아보니 모르는 것이 너무 많다. 그러니 허전하다 못해 지나간 세월이 원망스럽다. 이것이 집착 때문인가.

그러면 "버리자, 비우고 가자" 해놓고 미련하게 아쉬워하는가? 알면 아는 대로 모르는 것은 모르는 대로 홀가분하게 살자.

더 알면 무얼 하고 모르면 어떤가.

알려고 하면 걸머쥔 짐이 점점 더 무거워질 것 같다. 다 비우면 새로운 것이 찬다고 하였다. 새로 차는 것이 무엇인지 그것을 기대하자.

계영배(戒盈杯)라는 술잔이 있다고 들은 적이 있다.

이는 넘침을 경계하기 위하여 만들어진 술잔을 말한다.

옛날 중국 성현들이 과욕을 경계하기 위하여 의기(儀器)를 만들어 곁에 두고 교훈을 삼았다는 술잔이다.

일명 절주배(節酒杯)이다. 인간의 끝없는 욕망을 경계하기 위하여 만들어진 술잔이다. 이 잔의 특징은 잔에 술을 어느 정도까지 부으면 모두 새버리는 신기한 기능을 갖춘 이해하기 어려운 원리를 지닌 그런 것이라고 한다.

과욕은 금물이라는 말은 누구나 다 알고 있지만 실천하는 사람은 적으니 이를 경계하는 유좌지기(宥坐之器)와 지나침과 과욕을 경계하여 과유불급(過猶不及)의 삶을 실천했다고 하는 말들이 전해지고 있다.

지나친 과욕은 자신을 병들게 함을 경계하라는 교훈이다.

"부족하나 족하다 하면 여유가 있고, 족하면서도 부족타 하면 늘 부족한 것이다."

동심(童心)과 고희(古稀)

일곱 살의 동심과 칠십의 마음이 같다고 한다.

칠십의 철부지 마음에 담아둠 없이 지나간 과거의 이야기든 앞으로의 세상 사는 이야기든, 마음을 비워보려고 노력해 보자.

그러면 다시 머릿속엔 좋은 기억과 아름다운 것들로 가득 찰 것 같다. 아주 어릴 적 추억들과 알 수 없는 앞날의 일들까지 떠오르니 말이다.

나도 어릴 적 초등학교 시절이 있었다.

선생님이 일기를 쓰라고 했다. 마분지로 된 일기장에 몽당연필로 연월일을 쓰고, 날씨는 맑음이라고 쓰고는 "아침에 일어나 세수를 하고 학교에 가서 공부했다. 집에 와서 저녁을 먹고 숙제를 하고 잤다"라고 썼다.

그것이 전부이다. 지금 내가 지나간 달력 뒤쪽에 생각나는 대로 적고 있는 것이나 별 차이가 없다.

그때 조금 특이한 내용은 "학교에서 돌아오니 뒷집 닭이 우리

닭과 싸우는데 우리 닭이 져서 화가 났다. 닭에게 고추장을 먹이면 싸움을 잘한다고 해서 보리밥을 고추장에 비벼 먹였다."

이런 내용을 쓰면 아주 특이한 일기가 된다. 그뿐이 아니다. 기억나는 것들이 많다.

"뒷집 명석이네는 형제들이 많다. 다섯인가? 그런데 또 한 명이 늘어났다. 그러나 윗마을 부잣집에는 손자가 없다고 한다. 하나 있는 아들도 등이 구부러진 비루먹은 강아지마냥 볼품이 사납다. 명석이네 형제들은 국수나 시래기죽을 먹고 살아도 왁자지껄 시끄럽고 요란스럽다. 그러나 매일 고기반찬에 쌀밥만 먹는 그 꼽추는 비실비실 하니 알다가도 모를 일이다."

"시태네 형이 얼마 전에 장가를 갔다. 색시가 예쁘다고들 했다. 노랑 저고리에 빨간 치마를 입고 하얀 행주치마를 입은 것으로 기억한다. 그런 새색시의 허리가 참 가늘구나 했는데 점점 굵어가더니 그 집에서 아기울음소리가 났고, 시태는 조카가 생겼다고 좋아했다. 참으로 이상한 일이다. 왜 장가를 가고 색시가 오더니 아기가 생기나? 무척 궁금했다."

그러나 그런 궁금한 이야기는 일기에 쓰지 않은 것 같다. 그래도 그때는 그런 것을 일기장에 쓰면 안 되는 줄 알고 있었던 것 같다.

그날부터 60여 년이 지났으니…. 칠순(七旬)노인은 예부터 어린이와 같이 취급했다고 한다. 이를 정신년령(精神年領)이

동질(同質)이라 하는 것인가. 지금 이런 생각이 떠오르니 맞는 말인 것 같다.

다 비우고 가려고 했는데 어린 동심으로 돌아갈 수 있으니 새로운 것으로 채워진다는 말이 사실인 것 같다. 까맣게 잊고 살아온 기억들로 스크린의 화면처럼 스치고 지나간다.

지난 봄날인 것 같다. 서울 모 예식장에 친구네 막내딸의 결혼식에 갔다. 그곳에서 어릴 적 코흘리개 친구인 시태를 만났다. 그때 모습 그대로인 백발의 시태를….

참으로 이상하고 묘한 삶이다. 그렇게 오랜 세월을 잊고 살았건만 아주 반갑고 조금도 변한 것이 없는 그때 그대로의 친근감을 어떻게 해석하면 될까. 표현할 말이 없다.

묘(妙)하다고 할까. 묘는 기이하고 간드러지게 예쁘다의 뜻인데, 그렇게 묘한 것이 인생인 것 같다.

감모변색(鑑貌辨色), 용모를 보고 기세를 분별해야 한다는 말이다. 안색을 보면 그의 처지를 알 수 있다.

"그가 살아온 과거가 그의 얼굴에 다 써 있다"라고 하는 표현을 자주 쓰고들 있다. 인생 계급장이니 하며 신수를 가늠한다. 그러기에 얼굴은 그를 대변해 주는 바로미터라고 한다.

생각지도 않았던 반가운 사람을 만나고 그와 한두 마디 대화와 안색을 보고 그가 지나온 과거가 고달팠는지 행복했는지를 어느 정도는 점칠 수 있는 능력을 가진 것도 고희의 나이에 무거운 짐을 내려놓고 다 비웠기 때문일까?

진실한 삶을 살고 사람다운 삶을 위한다면 남의 잘함을 보고 존경하고, 불행함을 당하면 가슴 아파하고, 잘된 것은 축하하고 산다면 남들도 내 잘됨을 보고 시기하지 않을 것이고, 내가 초라해지면 동정해 줄 것이다.

이런 진실한 마음으로 실천하면 마음이 평온하여 얼굴에 그대로 나타나게 되니, 맑은 안색으로 미소를 지을 수 있는 사람이라면 그의 과거는 아름다웠음이 틀림없다.

이런 사람의 표정을 가리켜 형단표정이라고 한다.

형단표정(形端表正), 몸 형상이 단정하고 깨끗하면 마음도 바르며 또 그것이 표면에 나타난다.

사람이 아무리 묘한 생각을 하여 묘한 것을 만들어내도 이름 없는 사람의 묘한 것은 묘한 것이 아닌 그저 평범한 것으로 그저 지나면 그것으로 끝이다.

과거 상해 여행에서 그곳의 제일가는 호텔에 투숙한 적이 있다. 가이드가 이곳은 한국 대통령께서 묵으신 곳이며 영화배우와 그리고 정치·경제인들을 거론했다.

나도 어깨가 으쓱해지는 긍지를 가지고 잠시나마 최고라는 것을 맛보기도 했다. 그런 다음 그들의 기억에서는 나의 이름 석 자는 한낱 스치고 지나가는 바람소리만큼도 기억치 못했으리라.

언젠가 백담사에 갔을 때 왕이 머무르시던 곳이라 표현한 적이 있다. 그곳도 내가 다녀왔고 투숙도 했었다. 그러나 나를 기억하는 사람은 아무도 없으리라. 자랑만 할 뿐 아무도 관심 밖이리라.

사람은 다 같다고 하는데 그것이 정답인가 아닌가?

같은 사람이지만 그의 업적과 행한 바에 따라 천차만별이다. 사소한 일들도 유명인사가 하면 옳고 그름을 떠나 온통 세상이 시끄러워진다.

사람들에게 관심을 가질 만한 사건들, 이를 스캔들이라 한다. 더구나 이벤트라는 계획된 사건이나 행사를 가지게 되면 기억이 아주 오래간다.

언젠가 유명인사가 출판기념식을 한다고 소란스러웠다. TV로 보니 고급 승용차를 탄 유명인사들로 꽉 메워져 혼란스러워 보였다. 얼마나 좋은 책인지 꼭 사서 보아야겠다.

저렇게 야단들이니 아마도 세계적인 베스트셀러가 될 것 같다. 저런 책들이 그렇게도 많이 만들어지는 데도 아직까지 노벨 문학상을 받지 못했으니, 얼마나 더 요란스러워야 세계적인 문학상을 받을 수 있는 것인가. 그래도 노벨 평화상은 받았으니 참으로 대단한 것 같아 다행이다.

이런 동심의 할아버지의 넋두리가 너무 심한 것 같지만 할 일들이 없어지고 공상에 잔소리만 한다더니, 한 이야기 또 하고, 하나마나한 말들을 혼자서 나만이 아는 것같이 자랑을 늘어놓으니 영락없는 일곱 살 어린이가 틀림없구나.

지학과년(志學瓜年), 과년은 꽃다운 나이이다. 여자 나이 16세를 말한다. '과(瓜)'자를 파자(破字)해 보면, 여덟팔자가 둘이니 16세이다.

지학은 뜻있고 의로운 배움이다. '오이과'자에 '해 년'이다. 아무리 보고 생각해도 모를 일이다. 이런 것이 한자를 깊이 배우지 못함 때문이다. 배움도 때가 있다. 그 때가 과년한 젊을 때로 해석하자.

자주 사용하는 내용이지만 다시 보충하여 적어보자.

남자 15세는 지학(志學)이라 하여 학문에 뜻을 두고, 20세는 약관(弱冠)이라 하여 관례를 치러 성인이 된다는 뜻이다. 30세는 이립(而立)하여 가정과 사회에 모든 기반을 닦는다는 뜻이며, 40세는 불혹(不惑)으로 세상일에 미혹함이 없다는 뜻이다.

50세는 지천명(知天命)으로 천명을 알게 된다는 뜻이다. 60세는 이순(耳順) 또는 육순(六順)으로 생각하는 모든 것이 원만하여 무슨 일이든 들으면 곧 이해가 된다는 뜻이다. 그 다음 61세를 회갑(回甲), 혹은 화갑(華甲)이라고 하며, 60갑자를 다 지내고 낳은 해의 간지가 돌아왔다는 의미에서 다시 시작하는 인생길이니 큰 잔치를 베풀고 축하했다.

다음 62세는 진갑(進甲)으로 이는 다시 60갑자가 펼쳐져 진행한다는 의미이다.

70세는 고희(古稀)라 하여 사람으로 일흔 살까지 살기가 예로부터 드물다 하였으니, 덤으로 살고 있는 인생이라고 할 수 있다. 이런 생각을 하는 나도 참으로 많은 날을 살아온 것 같다.

71세는 망팔(望八)로 이제 80세인 모(耄)를 바라본다는 말이다. 망팔의 뜻대로 그저 바라보고 있을 뿐 가는 세월을 무슨 수로 막을 수 있겠는가.

이렇게 한탄하면 젊은이들은 쓸데없는 소리만 한다고 핀잔을 하겠지만 우리 조상들이 만들어 놓은 좋은 말들도 다 뜻이 있고, 철학이 담긴 것들을 모르는 척 외면할 수 없으니 나 혼자라도 아는 대로 적어 보자.

지나간 것들을 경험했기에 좋았든지 아니면 서운했든지 간에 가버린 것이거늘 미련도 아쉬움도 버리자. 앞으로 남은 망팔이 시작되니 지혜롭게 대처해야 할 것 같다.

희수(喜壽)는 77세로 오래 살아서 기쁘다는 뜻이다. 내게는 앞으로 7년이 남았다. 그리고 산수(傘壽)는 80세이고 반수(半壽)라 하고, 81세를 망구(望九)라고 한다. 할망구 하면 욕된 말이니 할망구 하지 말고 그냥 '할머니'라고 부르고, 할배나 꼰대라는 말들은 듣기 거북한 말들이기에 '할아버지'라고 불러주길 바랄 뿐이다.

그러나 부르는 사람들의 자유이니 싫어도 들어야하고 미워해도 할 수 없는 일이지만, 망구까지는 살 수 있을지 그것도 숙제이다. 한치 앞도 알 수 없는 것이거늘 생각으로는 망구까지는 살 것 같다. 앞으로 미수(米壽)인 88세, 그리고 졸수(卒壽)인 90세, 이는 졸(卒)자의 속자(俗字)가 아홉 구(九)자 밑에 열 십

(十)자로 사용하는 데서 유래하였다고도 하고, 동리(凍梨)로 90세가 되면 얼굴에 반점이 생겨 '언 배껍질' 같다는 데서 유래하였다고도 한다.

언 배를 연상하면 참으로 그 몰골이 한심한 생각이 든다.

99세는 백수(白壽)로 백(百)에서 일획을 뺀 흰백(白)자를 쓴다. 99세를 살아본들 그것이 즐거운 인생살이일까. 말할 수 없는 곤욕과 부담만 줄 것 같은 억지의 삶이라는 생각이 드니 이럴 때는 제법 철이 든 것 같다.

종심(從心)은 마음을 좇는다. '마음 내키는 대로 행해도 어긋남이 없다'라는 종심소욕불유구(從心所慾不踰矩)에서 유래했다. 내 나이 70세이다. 소크라테스의 원숙한 철학도 70세에 이루어졌다고 한다.

사람의 나이 100년을 기이(期頤)라 하여 이때는 몸이 늙어 기거를 마음대로 할 수 없어 다른 사람에게 의탁한다는 뜻이다. 그러니 나이가 들어서 눈이 잘 보이지 않는 것은 큰 것만 보고, 멀리 있는 것만 보라는 것이고, 귀가 잘 안 들리는 것은 필요 없는 말은 듣지 말고 필요한 말만 들으라는 것이다.

그리고 치아(齒牙)가 시린 것은 연한 음식만 먹고 소화하기 어려운 단단한 음식은 먹지 말라는 것을 알아야 한다. 또한 걸음걸이가 부자유스러운 것은 매사를 조심하고 멀리 가지 말라는 것인데, 너무나 분망하게 관광이나 나들이를 하려하니 자숙하여야 할 것 같다.

그뿐이 아니다. 머리가 빠지고 희어져 가는 것은 나이가 들어 가는 것을 알리는 조물주의 배려이니 서운타 하지 말자. 다만 정신이 깜박깜박 하는 것은 지난 세월을 다 기억하지 말고 좋은 기억과 아름다운 추억만 간직하여 편안함을 가지라는 것으로 알고 자연의 섭리를 받아들일 줄 알아야 한다.

소언약어(少言弱語), 음성을 낮추어 작은 소리로 적게 말하는 것이 좋지 않을까. 하지만 잘 안 되니 이것이 문제지만 노력해 보자. 그러면 친교(親交)에 있어서 미운 사람이 없을 것 같고, 근면(勤勉)하는 마음이 생기니 운동도 즐기면서 청결(淸潔)하게 목욕도 자주하며, 식사량도 줄이고 욕심도 버리며, 신앙(信仰)으로 죽음에 대한 공포를 없애며, 두뇌활동(頭腦活動)을 많이 하면서 자연과 더불어 살다보면 치매(癡呆)라는 그런 것은 모르고 살지 않을까 하는 생각도 해본다.

그러나 이런 것들도 기준이라는 것이 없는 각자의 생활방식에 따라 다르니 자기 주관과 취미에 따라 같을 수도 있고 다를 수도 있으니 내게 맞는 생활을 찾아서 건전하게 살면 되는 것이라고 결론짓고 말자.

朝回日日 典春衣　每日江頭 盡醉歸
조회일일 전춘의　매일강두 진취귀
酒債尋常 行處有　人生七十 古來稀
주채심상 행처유　인생칠십 고래희

"조정에서 퇴출하면 매일 봄옷을 전당 잡히고 하루도 빠짐없이 나루에서 잔득 취해 귀가하네. 술값은 가는 곳마다 널려 있지만 인생 칠십이 예로부터 드물거늘."

70세 고희(古稀)는 이 시구에서 유래했다.

지천명(知天命)이란 '하늘의 명을 안다'라는 뜻이다. 그런데도 사람들은 운명대로 살지 않고 발버둥치며 장담할 수 없는 길로 마구 달려가고 있다.

내가 살아온 길만 옳은 길인 것 같이 고집하며, 남의 일에 너무 간섭하려다 보니 충돌이 일어난다.

그러나 "이것이 진정한 삶이다. 확실하다"라고 말하는 사람도 자기 눈높이밖에 말할 수 없으니 각자 자기 길을 고집하며 살아갈 뿐이다.

복고풍(復古風)

옛날로 돌아가려는 바람이라고 간단히 풀이하고 보자.

왜들 발달된 편리한 현실을 버리고 불편한 과거로 돌아가려고 하는가. 말로 표현하기 어려우나 누구나 한곳에 오래 머물면 싫증이 나고 과거가 좋아지게 되는 것인가 보다.

그러나 그 과거는 현재라는 풍요로움이 있기에 잠시 동경하는 것이지, 만약 정착하여 살라고 한다면 누구나 복고(復古) 그것이 수억을 호가하는 골동품(骨董品)이라 할지라도 거부하리라.

요새 '진품명품'이라는 TV프로가 인기이다. 수천억을 호가하는 골동품 그것들이 일반 서민들이 소장한들 매도하여 현금으로 바꿀 수 없다면 그야말로 그림의 떡일 뿐이지만 있는 사람들의 진열장에 진열한다면 풍요로운 생활과 고상한 취미라 말하리라. 부유한 자는 여유요, 취미요, 부의 상징이지만 서민들은 그런 것이 있다면 팔아서 전셋집이라도 얻을 수 있기를 바랄 뿐이리라.

좋아도 좋은 것을 모를 수밖에 없는 그런 곳에 관심을 둘 여유가 없으니 무관심할 수밖에 없는 것이다. 관심이 있어도 덤덤히 바라볼 수밖에 없는, 그저 혼자 독야청청해 보지만 마음은 청청(淸淸)이 아닌 우울하고 답답할 뿐이다.

매란국죽(梅蘭菊竹)을 사군자(四君子)라 했다. 매화꽃이나 난초나 국화, 대나무를 군자에 비유하여 이를 주제로 하는 시나 글, 그리고 그림들이 인기가 아주 높은 것으로 알고 있지만 논할 실력은 못되니 접어 두자.

조선 중기의 시인 윤선도의 오우가(五友歌) '수석송죽월(水石松竹月)' 중 '죽(竹)'편을 적어보자.

나무도 아닌 거시 풀도 아닌 거시
곳기는 뉘 시기며 속은 어이 뷔연난다.
뎌러코 사시에 프르니 그를 됴하 하노라.

대나무(竹)는 곧은 절개를 의미하며 '파죽지세(破竹之勢)'라는 말이 있다. 매화(梅花)는 설중매라 하여 설한풍(雪寒風) 속에서 맑은 향기와 함께 봄에 제일 먼저 피는 봄의 전령(傳令)이다. 난(蘭)은 은은한 향기가 감돌고, 국(菊)은 늦은 가을 찬 서리 맞으며 꽃을 피운다.

대나무는 곧은 절개로 추운 겨울에도 푸르름을 유지한다. 이런 고결함과 덕성과 지성을 겸비한 군자를 요즘 말로 '엘리트' 혹은 '인텔리'라고나 할까.

그러나 이런 인품의 사람들도 시대의 변천에 따라 변해 가는 것인지 현대 지식인들이라고 자처하는 사람도 정치에 발을 들여 놓으면 청초(淸楚)나 고결(高潔)하다는 것이 퇴색(退色)되어 가는 것 같다.

세한삼우(歲寒三友)는 추운 겨울철의 세 벗이라는 뜻으로 추위에 잘 견디는 나무 즉, 송죽매(松竹梅)를 이르는 말이다.

소나무, 대나무와 같은 절개, 매화 같은 기품, 거기다 난초 같은 향기로움이 풍기는 많은 정치 경제인들이 나라를 다스렸으면 하고 바란다.

오탁(汚濁)에 물들지 않는 그런 묵죽 매란도(墨竹 梅蘭圖)에서 풍기는 향기 어린 고풍의 동양화 같은 은은한 삶이 그리운 망팔(望八)의 할아버지이다.

세상 사는 이야기가 흥미 없어지니 복고풍도 늙은 사람은 제외되는 것 같아 마음이 심히 스산스러워진다.

심산유곡에서 산수를 즐기며 조용히 사는 것을 유일한 낙으로 알고 산다.

심산유곡(深山幽谷)

유령이 나올 것 같은 음산한 계곡에서 지내도 보았다. 기관지가 나쁘다, 혈압이 높다, 골치가 많이 아프다 등의 핑계로 아내를 속이고, 그런 곳으로 숨어든 적도 있었다.

이런 것들도 따지고 보면 도심이 답답하여 조망이 자연으로 탁 트인 그런 곳을 갈망했기에 그 충동 때문일 것이다. 심산에서 불도(佛道)를 닦고 속세(俗世)를 떠나 홍진(紅塵)을 다 떨치어 중생(衆生)을 구하려는 뜻있는 피함도 아니다. 단지 뜬 구름과 산수를 벗 삼아 유유자적하며 자위를 얻으려는 막연한 생각에서 주위 눈총을 의식치 않았으나 다 부질없는 것임을 알았다.

아무리 자연이 좋고 자연인이 되고 싶어도 불편이 따르는 그곳은 현대의 물질문명에 길들여진 사람에겐 얼마 못가 싫증이 났고 참기 어렵고 외로운 곳임을 알게 되었다.

젊고 패기 왕성할 때는 텐트 치고 야영도 하고 모닥불을 피워 놓고 캠프파이어를 하며 밤을 새워 목청이 터지도록 노래도 불렸다.

이곳저곳 떠돌며 홀가분한 기분이 되어 방황도 했었다. 그것도 젊음이 있어야 가능한 것을 알았다.

아주 오래 전 고교 국어교과서에서 배운 '청춘예찬'이라는 수필이 생각난다. 그렇게 청춘을 예찬한 대로 나의 청춘도 설레었고, 물방아 같은 심장의 고동소리와 끓는 피에 뛰노는 심장은 거선(巨船)의 기관(汽罐)과 같은 힘을 지니고 있었던 것도 사실인 것 같다.

장밋빛 인생은 아니라도 강력한 의지력과 상상력, 그리고 시들 줄 모르는 정열…. 그러나 그런 것들도 이제는 빛이 바랜 초라한 허수아비처럼 새로 세탁된 옷을 입어도 빌려 입은 옷같이 느껴지고, 검고 까칠해져 가는 피부가 되고 보니 싱그럽던 젊음도 이제는 옛날의 아련한 추억이 되고 말았구나.

심산유곡, 그곳은 조용하다 못해 외로운 곳이다. 그러나 그 외로움도 지친 사람에게는 위안이 되는 곳이기도 했다. 그러나 그런 곳이 점점 사라지고 있다.

굽이굽이 물 따라 가다보면 막다른 곳에 길도 없고 인적도 하나 없는 곳 바위틈 사이에서 흘러나오는 물의 근원이라 할 수 있는 그런 곳이 태백의 검용소이다.

7년 전에 그곳을 힘겹게 찾아간 적이 있었다. 그런데 지금 와보니 너무 많은 인파의 왕래가 잦다보니 심산은 심산이나 한적함과 고요가 빠진 관광지로 변한 것 같다.

계곡의 맑은 물, 그런 물을 명경지수(明鏡止水)라 한다. 사방이 바위와 송림의 숲으로 되어 있지만 이제는 그런 곳을 찾기가 쉽지 않고, 가려 해도 마음만 앞서지 선뜻 용기가 나지 않는다.

언제 다시 올지도 모르니 맑은 물 한 모금이라도 더 마시고, 맑은 공기와 싱그러운 송림을 뒤로하고 내려오는 발길이 가볍지 않아서 뒤돌아보고 또 돌아보고 내려왔다.

찾는 인파가 늘어나다 보니 한강의 발원지인 이곳도 점차 오염되어 명경지수의 맑은 물도 빛바랜 심산유곡이 되겠구나.

배산기루(背山起樓)

이 말은 산을 등지고 집을 지어 산세를 감상할 수 없도록 만드는 경우를 말한다.

산을 자기 정원인 양 혼자만 소유하려는 사람을 말한다.

요즘 경관이 수려하고 조망(眺望)이 좋다는 곳이면 어김없이 고급스런 주택들이 늘어나고 있다. 별장인지 아니면 용도가 무엇인지 따질 필요는 없지만 그곳은 한 가족이 생활을 위한 하나의 터전이 아닌 부수적인 공간임에 틀림이 없다. 돈 많고 여유 있는 자들의 휴식공간이다. 그곳에서 생활근거로 살라고 하면 불편해서 싫어하면서도, 이렇게 조망권이 좋고 한적한 곳을 동경하며 가지려고 안간힘을 다한다.

조망권(眺望權), 밖을 볼 수 있는 권리이지만 법적으로 명확한 정의가 확립되지 않았다. 특정한 위치에서 밖을 바라다 볼 때

자연경관이랄까, 혹은 역사적·문화적으로 특별한 경관을 볼 수 있는 권리이다. 즉 창문의 틀을 통해 주거환경, 녹지건물, 대지, 하늘이 차지하는 비율을 시야가 차지하는 범위의 공간을 얼마나 볼 수 있는가에 따라 건물의 가격도 달라진다.

그러므로 볼 가치가 있는 것을 방해하면 분쟁이 일어난다. 그러나 법적인 규정이 명확치 않아 판례에 의존하다보니 항상 시끄럽고 결말이 안 좋다.

먼 곳을 널찍이 바라볼 수 없는 답답한 도심에서 조망권리를 침해당하고 살면서도 도심으로 몰려들고 있다.

빌딩의 숲에서 살아가는 우리들은 조망권리를 그리워하면서도 도심으로 모여드는 것은 살기 편안함만을 추구하려하기 때문인가. 아니면 재산권 형성이 도시에 치우쳐 있기 때문인가. 생활터전이 도심에 있기 때문인가.

재산적 가치만 있다면 바라볼 수 있는 권리 같은 것은 뒷전이며 불편해도 감수한다. 그리고 기득권을 가진 그들은 거처하는 곳을 경제문화 그리고 지적수준도 최고로 최상의 단지라 광고하며 담합(談合) 즉, 말맞추기 하여 집값을 올리고 자기들이 사는 곳이 최고라 착각한다.

옛말에 이웃사촌이라 했다. 이웃이 좋아야 살기 편안함은 당연하다. 나만은 좋은 이웃을 바라면서도 옆집에 누가 사는지조차 관심이 없으면서도 유명인사나 권력을 가진 사람들하고 한 아파트 단지에 산다고 자랑하려 한다.

최고만 될 수 있다면 남의 조망권을 침해하면서도 자기에게 조그만 피해를 주든가, 혐오시설이라는 쓰레기 처리장, 고물상, 폐차장, 고아원, 노인들의 복지시설 같은 조금 불결하고 자기가 싫어하는 시설을 설치한다 하면 죽기 살기로 결사투쟁이라는 듣기 거북한 슬로건(slogan)들이나 흉측한 말들을 주장하면서도 앞뒤 그리고 좌우 모두가 벽(壁)과 벽, 창(窓)과 창문(窓門)만을 바라보고 산다.

그러니 아파트도 자연 조망권이 좋은 한강변이나 주위 조경사업이 잘 꾸며진 곳이 인기 있는 것은 당연하다.

그리고 많은 아파트들도 주거요건만을 고려치 않고 투자가치를 충족시키는 것을 우선으로 했기 때문에 투자 목적은 자연 부를 축적해 보려고 몰려드니 꼭 필요로 하는 실수요자는 점점 소유하기 어려워진다.

우리는 뒷산과 앞개울, 그리고 넓은 들판을 바라볼 수 있는 문전옥답이 있는 그런 집을 동경하고 살았다. 그러기에 대부분의 산촌이나 농촌마을은 이런 조건을 갖추어 옹기종기 아담하게 자리 잡은 곳이 많았으나 지금은 폐허로 변하고 몇 집만이 남아있다. 그나마도 노부부가 지키고 있을 뿐이니 풍속도도 세월의 흐름에 따라 변천해 가는 것이다. '고향이 그립다'는 말도 박물관에 보관할 때인 것 같다. 텅 빈 폐허가 되어버린 그런 곳이 얼마나 많은가. 이제는 그저 머릿속에 있는 추억이라도 잊지 말아야 아름다운 고향이라는 것을 떠올릴 수 있을 것 같다.

담합(談合), 서로 의논하여 합의함. 말 자체로는 좋은 말이다. 그런데 이 좋은 말의 뜻이 좋지 않은 곳에 쓰이니 신문에서나 방송에서까지 마구 쓰여지지만 거북하게 들린다. 공사 입찰 등에서 입찰자들이 미리 상의하여 입찰가격을 협상하거나 부정거래나 뒷거래하자고 담합들을 한다. 이곳저곳에서 집값이나 아파트 담합에 이어 이동통신 3사의 담합, 보험사 담합, D램4사 담합하더니 주방용 세제까지 담합하여 벌금형으로도 모자라 이번에는 징역형을 선고 받는 사건이 터지고 말았다.

왜라는 말을 또 사용하여야겠다. 담합도 좋은 제품을 만들어 소비자에게 싼값으로 공급하자고 동일업자들이 뜻을 같이하는 단합(團合)이라면 이보다 더 좋은 담합이라는 말맞추기가 없으련만, 그런 단합이 아니고 우리끼리만 알고 하자가 있어도 서로 눈감아 주며 비싼 가격으로 팔아 서로 이익을 보자 하는 상담(相談)을 하고들 있으니, 상담치고는 글이나 뜻의 본질을 모르는 담합이 들통 나는 것은 당연지사가 아닐까.

담합도 쓰여지는 곳이 많다. 나누어먹기 식의 정치판이 있는가 했더니 아파트 건설업자가 그리고 제조회사 간에 담합이 일어나고 있다.

어제의 정적(政敵)이 오늘은 동지로, 과거의 라이벌이 지금은 담합으로 단합하여 새로운 라이벌을 꺾으려고 한다면, 그들의 담합으로 단합된 것들이 어떻게 변해갈지 알 길이 없다.

양상군자(梁上君子)

글을 해석한다면 '대들보 위에 있는 군자'로 착한 사람이라 해석할 수 있다. 그러나 이는 도둑놈을 가리키는 말이니 고사성어는 그 어원이 어디서 온 것인가를 모르고 사용하면 엉뚱한 오해를 살 수 있다.

도둑을 점잖게 일컫는 말로 도둑을 군자라 부르니 잘못을 뉘우치고 용서를 빌었다는 이야기이니, 이런 설득이 지금 우리사회에 절실히 요구되는 고사성어일 것 같아 적어보자.

후한 말, 진식이라는 현감이 있었는데 그는 근면 성실하고 수하를 아끼며 항상 백성을 염려하는 현명한 현감이었다. 그런데 가뭄과 흉년이 들어 살기가 어려워지니 현감 댁에 도적이 들었다.

현감이 늦도록 책을 읽는 줄도 모르고 들어온 도둑은 당황하여 대들보 위로 올라가 숨어 있다가 현감이 잠자리에 들면 내려와 세간을 훔쳐가려고 기다리고 있었다. 그러나 현감은 아무것도 모르는 척 책을 읽다가 책을 덮어놓고 아들과 손자를 방으로 불러들여 일장훈시를 하는 것이다.

"사람이란 항상 스스로 반성하고 노력하지 않으면 안 된다. 악한 사람이 따로 없고 착한 사람이 따로 없다. 부지런히 일하고 공부하면 애써 노력하는 사람만이 끝내 잘 되는 것이다. 집 없고 돈 없다고 길거리를 방황하는 사람은 춥고 배고픔을 참지 못하고 한탄하다가 결국 잘못된 생각으로 세상 사람들에게 손가락질을 받는 범죄를 저지르게 된다. 그러나 그것은 그들의 성격이 원래 나빠서 그런 것이 아니고 일시적인 불행과 고통을 참고 견디려는 노력이 부족하기 때문이다. 그러나 그것이 한 번, 두 번 되풀이되기 때문에 사람들은 그를 나쁜 사람이라고 손가락질하게 된다. 예를 들면 지금 저 대들보 위에 앉아 있는 '군자'가 바로 그렇다."

이 말을 듣고 있던 군자가 아닌 도둑은 급히 내려와, "소인이 죽을죄를 지었습니다"라고 이마를 바닥에 짓문지르며 흐느껴 사죄하였다.

현감은 그를 지켜보다 서서히 입을 열어 "그대 얼굴이나 태도를 볼 때 악한 일을 할 사람이 아니다. 모두가 다 가난 탓이다."

이렇게 타이르고 그에게 비단 두 필을 주어 보냈다. 이런 소문이 고을에 퍼지자 고을 안에는 좀도둑이 자취를 감추었다는 이야기에서 생겨난 고사성어지만 사람들은 이를 다르게 사용하는 무리도 있다.

천장에 오고가는 쥐를 가리켜 양상군자라 하는 것은 자(子)가 쥐를 뜻하기도 하니 익살로 보면 되지 않을까. 하지만 세상사 쓴맛, 단맛 골고루 체험하면 어느 것이 참인지 익살인지 구분할 수 있는 분별력이 생기지 않을까. 하지만 어느 것이 정답인지 알지만 필요에 따라 변하는 세상이고 보면 꼬집어 말하기도 어렵다.

다만 옛날의 진식이라는 현감 역시 젊어서 열심히 책을 읽고 공부하여 현감의 자리에 올라 바르고 옳은 일만 했으나 정권이 바뀌니 새로운 세력의 모함으로 살인혐의로 체포되어 구금된다. 하지만 정의는 살아 있기에 사실이 아님이 증명되어 순찰관이 되고도 모함한 원수를 용서하고, 오히려 그들을 등용하여 부하로 삼으니 이것은 그들에게 안심시키어 경솔한 짓을 다시는 못하도록 하기 위함이었다.

다음 다시 정변이 또 일어나 많은 사람이 다치고 달아나도 그는 자리를 지키다 투옥되었지만 다시 풀려났으나 벼슬을 버리고 조용히 살다 죽으니, 그를 흠모하는 사람이 삼만이 넘었다고 한다.

도둑이 듣고 있다는 것을 알면서도 태연한 사람, 자기를 해칠 수도 있다는 것을 알면서도 잘못을 탓하지 않고 차분하게 반성하게 하여 새 사람으로 만들어 보내는 그런 사람이 지금 우리들 주위에 있을까.

흉악범이 판을 치고 나만을 생각하는 이기주의가 팽배한 세상에서 안타까움의 현실을 한탄하지 않고 살 수는 없을까.

그러한 것들이 우리들의 숙제인 것 같다.

청춘수사(靑春受謝)

청춘은 만물이 푸른 봄이라는 뜻이다. 청춘은 인간의 어느 한 기간을 말하는 것이 아니라 마음의 상태를 말하는 것이 옳다고 보아야 맞는 말이다. "나도 아직 마음만큼은 청춘이다"라고 억지도 부리고 싶은 심정이다.

봄은 1년의 시작이다. 겨울이 가고 다시 봄이 오고, 또 가는가 했더니 다시 찾아오는 계절의 변화란 막을 길이 없다. 해동을 알리는 봄비가 자주 내린다. 봄비가 내릴 때마다 기온은 따뜻해진다고 한다. 금년은 유난히 봄비가 잦은 것 같다.

봄은 청춘이란 말과 같다. 청춘예찬이란 글이 그렇게 오랜 세월을 잊고 살았는데도 머리에서 기억된다.

청춘! 이는 듣기만 하여도 가슴이 설레는 말인 것 같다. 청춘! 너의 두 손을 가슴에 대고 물방아 같은 심장의 고동을 들어 보라 했던가. 그런데 그 힘이 없어졌다. 역사를 꾸며 내려온 동력도, 이성도, 투명하고 얼음 같아야 하거늘 다 녹아내린 아이스크림 같다고 할까. 날카로운 지혜도 사라지고 쓸쓸함뿐이다.

지금은 꽃도 피고 새가 우는 계절이다. 생명을 불어넣는 봄바람이 불지만 나는 피가 끓는 청춘도 아니고, 사랑의 풀이 돋거나 이상의 꽃도 피지 않으니 열락(悅樂)의 새도 울지 않는다.

내 어린 청춘일 때 그렇게 열망하여 외우던 글귀를 지금 더듬어 가고 있으려니 참으로 쓸쓸하여 영락(榮樂)과 부패, 그리고 천자만홍(千紫萬紅)은 어디로 갔는가.

석가는 무엇을 위하여 설산을 고행했으며, 예수는 무엇을 위하여 광야를 방황했는가. 공자는 무엇을 위하여 수레를 타고 온 세상을 돌아다니며 철환천하(撤還天下)하였는가.

내 유소년에 그 청춘의 황금시대에 읽었던 참으로 좋은 글이기에 기억에서 지우려 해도 되살아난다. 그래도 황금시기의 추억을 오랫동안 붙잡아 두기 위해 오늘도 옛 일을 더듬어 이 글을 쓰고 있자니 스스로 고무적(鼓舞的)이라고나 할까.

힘을 내자. 자신을 격려하고 용기를 갖기로 다짐하며 산다는 것은 모두에게 즐거움을 주는 것이다.

자등청춘(子登青春), 싱그러운 봄날일 뿐이다. 이런 봄날의 기쁨과 희망의 교차가 칠십여 번, 그때마다 희망과 포부도 새로웠다. 오늘 다시 맞는 그 봄날, 그 봄비, 새로울 것이 없지만 그래도 봄비가 무척 반갑고 포근하게 느껴진다. 농사일은 할 줄 모르나 마음에는 풍년이다.

지금의 내 몸은 소추(素秋)이지만 마음은 청춘이기에 한 빛깔의 무늬도 없는 피륙과 같았던 깨끗한 나의 과거도 이미 늙어 황혼에 들었다. 하지만 봄비가 늙은 고목에 활력소가 되듯이 마음의 봄에 활력소를 주기에 충분하다.

머지않아 꽃망울을 터트리는 것도 볼 수 있고 나는 새도 볼 수 있다. 집안 작은 공간에 작은 나무들, 그리고 봄꽃들도 돋아나고 있다. 참 행복한 시간이다.

봄이 오고 있는 나만의 작은 공간, 조그만 단독주택 정원이지만 이곳이 나는 좋다. 작은 정원에는 작년에 심어놓은 어린나무 가지에 새싹이 돋아나고 있다. 크고 작은 화분들은 옥상으로 올려다놓았다. 등산하다 하산 길에서 배낭에 걸머지고 온 부엽토(腐葉土)를 넣고 꽃씨도 뿌려보자.

이런 일거리라도 할 수 있는 것은 내가 존재한다는 것을 의미한다. 존재의 의미를 알아야 삶의 이유를 알고 보람이라는 것을 느낄 수 있는 것이다. 존재하는 것에 무슨 의미가 있고 이유가 있겠는가. 하지만 인생이 무미건조하다는 막연한 생각으로 살지 않으리라.

화인악적(禍因惡積), 재앙은 악이 쌓는 데서 일어난다 했다. 나쁜 짓을 하면 벌을 받게 된다는 것은 어린아이들도 알고 있는 말이다. 그런데 이런 말을 '왜' 하려고 하나. 나는 나로 살아가면 되지 쓸데없는 일에 참견하여 평지풍파를 일으키려 하는가.

세상 사는 이야기를 하자고 아무 말이나 함부로 하면 안 되는데… 하는 생각이 드니 망설여진다.

과거 우리의 부모님이나 선배님들은 참는 것에는 이골이 났고 그것을 미덕으로 알고 살았다. 내가 조금 손해 보지 하면서 상대를 배려하고, 그들 스스로 깨우치기만을 바라며 속아 주곤 한 것이 과거 인심이다. 그러나 이제는 다들 변했다. 양보나 이해 따위는 아무 곳에서도 찾아볼 수 없다. 이제는 변해버린 사회 속에서 부모도 선후배도 그리고 친지나 이웃사촌도 나를 걱정해 줄 사람은 아무도 없다. 다만 그들이 간 길을 묵묵히 뒤따라 갈 뿐이다.

과거 그들이 간 길은 기복이 심한 길이었으나 악이 없으니 단순한 길인 것 같은데, 내가 지금 뒤따르는 길은 기복도 심하고 순탄치 않은 것 같다.

바른길을 탈 없이 뒤따라가려고 하나 쉽지만은 않다.

답습(踏襲), 같은 길을 밟지만 똑같은 길이 아닌 것 같다. 세대와 환경 그리고 풍습이 변했으니 같을 리가 없지만 변한 대로 그 길을 가면 된다.

우리 조상님이나 성인군자라 지칭한 분들도 나름대로 변해가는 길을 따라 때로는 실책이나 실수도 하시면서 불평 없이 사셨겠지만 실망과 아쉬운 여운쯤은 조금씩 남기고 갔을 것 같다. 우리는 속물근성으로 인해서 완전무결한 삶을 살 수 없는 것 같다.

속물(俗物)

세속적인 명리(名利)에만 급급한 사람을 얕잡아 이르는 말이다. 처음 사람을 대하게 되면 그 사람됨을 알 길이 없다. 그러니 겉모습만 보고 판단을 할 수밖에 없다.

이 세상은 겉 다르고 속 다른 것이 많은 세상이구나 라고 한탄만 하게 된다면 그런 사람도 속물일 것이다.

남을 속물 취급하면 나는 어떠한가. 흔히들 속물이 속물 취급을 하니 속물 취급을 당해도 서운히 여기지 말자.

"남자들은 다 속물이야"라고 말하는 여성도 속물하고 살 수밖에 없을 것이다.

속물의 정의를 내리기 어렵지만 그저 무관심하게 지나치려 하고 매사 편리하게 지나치려는 사람인 것 같다.

우리는 그러한 사람들의 지나간 발자취를 뒤따라가면서 경험도 했고, 앞으로도 그렇게 살아갈 것이다.

징검다리를 건너가는 것처럼 그런 속물이 우리 인생이다. 배움도 적고 식견이 없어 풍류를 모르는 사람이지만 지금의 삶은 나만의 것이다.

우리를 앞서 가신 사람들도 그들이 섬기던 성인군자라 일컫는 사람들도 따지고 보면 그들 나름대로 후회 없이 만족한 삶을 살았다 여기고 간 사람이 과연 있을까. 대부분 실책이나 실망스러운 여운을 조금이라도 남기고 갔을 것이다.

지금도 우리는 그들이 살다간 그 길을 뒤따라가면서 그들이 못 다한 그것을 만회하려고 가고 있지만 앞으로 닥칠 일들은 아무도 모르기에 지나고 나면 그것이 아닌 줄 알지만 갈 수밖에 없으니 그저 가고 있는 것이다.

행복이 무엇이며, 불행은, 정의는, 그 정도의 기준은 누가 정하는가? 내가 옳다고 한들 남이 그것을 받아들이겠는가.

우리는 이런 소용돌이 속에서 수레바퀴가 도는 것 같은 규칙 속에서 회전할 뿐이다.

평탄한 아스팔트 도로도, 고르지 못한 요철이 아주 심한 비포장도로도, 평지도, 언덕도, 그리고 강도, 바다도, 다 경험하며 그냥 닥치는 대로 가면서 업(業)이라는 것을 쌓으며 지나간다. 그 쌓임이 업적(業積)이라는 것이다.

그 쌓임을 공덕(公德, 功德)이라 하자. 공중을 위한 도덕적 의리이든, 여러 사람을 위하여 착한 일을 하는 것이든, 다들 공덕을 많이 쌓으며 악한 그것만은 하지 않는다면 '참'이 아닐까.

우리는 참이라는 것을 알고 있지만 그것을 지키지 못한 자신을 부정하기 위하여 후회한다는 말로 정당화 해보려고 허구인 줄 알면서도 변화무쌍한 자연을 숭배했다.

무엇이라도 의지하지 않으면 불안하기에 해와 달, 산천의 바위, 돌에게까지, 산신, 지신, 해신하며 마음의 신을 찾는 것이 원시종교이다. 다음 불교가 전파되고 공자의 사상인 유교가 들어오고 하느님의 교리인 그리스도교가 전래되었다.

그러나 우리나라는 국교(國敎)가 없다. 누구나 종교를 선택하여 믿을 수도 있고 믿지 않아도 된다. 종교의 자유이다.

교리는 진실로 믿는 자에게만 통하는 가르침이다. 가르침을 따르는 자만이 진실한 신도이며 참신한 교인이다.

"물에 빠진 사람은 지푸라기라도 잡는다"고 했다.

우리는 나만을 고집하고 살려고 하다가도 어렵고 불행함을 당하게 되면 의지하고 싶은 마음이 생긴다.

어려울 때 사찰을 찾으면 대웅전에 예를 올리고, 성당에서 설교하는 신부님의 말씀도 귀담아 듣고 방송에서 설교하는 목사님의 설교에 넋을 잃기도 한다.

나는 무신론자로 살아왔다. 그러나 이제는 늙었다. 지나간 세월이 덧없게만 느껴지고 의지하려는 그 무엇이 작용하는 것 같다.

이제는 힘이 없으니 지푸라기라도 잡으려는지 여기저기 기웃거리게 된다. 이런 미동의 움직임이 생기는 것은 아직도 무엇인가를 알고자하는 욕구에서일 것이다.

미동(微動)

아주 작은 움직임이 일어나고 있다.

의지하려는 무엇이라도 붙잡고 싶은 그런 마음이 일어나고 있다. 알 수 없는 허전함이 찾아든다.

그런데 친구에게 전화가 왔다. 오랜만이니 밥 한 끼 같이하자고 한다. 그러나 귀찮은 생각이 앞선다. 이제는 친구와 술 한 잔 나누기도 조심스럽다.

다들 건강도 생각하고, 지금 내가 귀찮은 생각이 들듯이 그들도 마찬가지겠지 하는 생각이 드니 밥 한 끼, 술 한 잔 같이하자 청하기도 어렵다.

'그까짓 밥 한 끼? 왜 너하고 쓸데없이 시간을 허비해?'라는 생각이 앞선다. 세상에는 준다 해도 싫은 사람이 있다.

아무리 재산이 많아도 밥 한 끼 같이 먹어줄 진실한 친구가 없으면 무슨 소용인가.

사람이 평소 덕을 쌓지 못하고 이제 늙고 외로워 친구가 그리워도 때늦은 후회일 것이다.

과거에는 비굴치 않고 용감했으며, 알뜰하지만 야박치 않고 건전하게 행동했으며, 남용치 않고 완고하지도 않았다.

지적이거나 아름답거나 정숙하지 못해도 건강이 넘친다고 건전하게 살면서도 자만하지 않았고, 그리고 경제적으로 보낸 과거도 이제는 미동의 움직임도 부담이 간다.

좌애(坐愛)라는 말이 있다. 앉아서 즐긴다는 말이다.

귀찮은 생각이 드니 아름다운 꽃구경도 단풍놀이도 차창 밖으로 보면서 '참 좋구나' 하게 된다는 말이다.

정차좌애 풍림만(停車坐愛 楓林晩)이라는 글이 생각난다. '수레 안에 앉아서 늦은 단풍을 즐긴다'는 글로 앞뒤 구절은 생각나지 않아 아쉽지만 잊혀진 것들이 어디 이것뿐이겠는가.

말로만 적게 먹고 많이 움직여야 건강하다 하면서도 마음 따로 몸 따로이니, 움직이려는 힘이 남아 있을 때 싫은 생각을 버리고 움직여 보자.

움직임도 정당한 움직임이어야 한다. 움직임은 무서운 힘을 지니고 있다. 요사이 이런 움직임의 동작(動作)이 많이 일어난다.

난동(亂動)은 혼란스런 움직임이 동원(動員)되어 동태(動態)가 수상타 했더니 데모가 일어나고, 난동에 가담하는 자들이 많아지면 언동(言動)이라는 거친 단어들이 소동(騷動), 거동(擧動), 충동(衝動), 발동(發動), 변동(變動), 유동(流動), 준동(蠢動), 선동(煽動) 하더니 드디어는 경거망동(輕擧妄動)하는 것들도 마구 생겨나고 있다.

이런 움직임이 급기야 파업(罷業)이라는 극단으로 치달아 하던 일에서 손을 떼는 데까지 가게 되면 손실은 걷잡을 수 없이 커지고 만다.

파업도 동맹파업은 무서운 힘을 가지고 소용돌이를 친다. 피차 손실이라는 것을 알면서도 타협이나 양보라는 것을 외면하고 내 것만을 주장하니 담합이 아닌 단합으로 번져간다.

이런 속된 구조 속에서 담합할 줄 모르는 속물들이 많으면 사회는 어지러워지고 발전보다 퇴보한다. 퇴보는 우리를 더욱 힘들게 할 뿐이다.

건설기술인(建設技術人)

나는 몇 년 전만 해도 국가기술인이라는 자격으로 산업현장에서 안전모를 쓰고 생활했다. 그러나 그 기술이 녹슨 것이 아니라 새로운 물결에 밀리듯이 자연스럽게 밀린 것뿐이다.

시대의 변화에 따라 모든 것이 같이 보조를 맞추어 가야 하는 것이 당연한 것이라 생각하면 아쉬울 것도 서운할 것도 없다.

다만 '아는 것이 그것뿐이었는데…'하는 생각에 서운할 따름이나, 나보다 유능한 젊고 패기 넘치는 후배 기술인들이 있으니, 그들의 말대로 "선배님들! 이제는 미련 갖지 말고 편히 쉬세요"라고 하는 인사말처럼 편히 쉬면 된다.

사람은 자기 분수를 알아야한다. 물러설 때 물러설 줄 알아야 한다는 말이다. "아는 것이 없으면 눈치라도 있어야 한다"는 속담도 있다.

요사이 새로이 생겨난 말 중에 사오정과 오륙도가 있다. 사오정은 오래된 말로 다들 알고 있는 한참 일할 나이인 4~50세에 정년퇴직이라는 말이다. 너무 황당할 것이다.

그러면 오륙도는 무엇인가. 남해바다 섬인가.

'오륙도 다섯 섬이 다시 보면 여섯 섬이…' 하는 시구(詩句)같은 그 섬이 아니라, 5~60세 되도록 직장에 몸담아 있으면 도적(盜賊)이라는 말로 풀이되니 풍자치고는 너무 심한 것 같다.

평생 몸담아 온 직장, 그것도 아무런 준비도 없는데 하루아침에 그곳을 쫓겨난다면 하늘이 무너져 내리리라. 그러니 오륙도라는 비난을 받으면서도 그 자리를 보전하려고 안간힘을 다하는 것은 당연한 처사일 것이다.

다만 그곳에 더는 머무르면 안 될 인사가 버틴다면 꼴사나운 추한 모습이 되리라. 그러나 세상사는 공평치 못한 것 같다.

꼭 있어야 할 곳에 있을 만한 사람은 물러나고, 그곳에 있으나마나 한 사람은 남아서, 회사나 국가의 재정을 축내고 온갖 부정부패와 기강을 어지럽히는 많은 유형의 일들을 보며 살았다.

새로 생겨나는 용어들 때문에 참으로 머리가 혼란스럽다. 사회를 단적으로 보여주는 코미디언들이 만들어내는 말들인지는 몰라도 매스컴을 타고 빠른 속도로 번져나간다.

정년(停年)을 '머무를 수 있는 나이'라고 표현하면 될지 몰라도 그 직장에서 주어진 일들을 할 수 있을 때까지가 정년이라고 생각된다.

그러나 이제 비로소 숙련되어 한참 일할 나이에 정년이라는 말과, 맡은 일도 처리할 줄 모르면서 복지부동이라는 말 뜻대로 기를 쓰고 그곳에 머무르는 것을 내가 왈가왈부하거나 이를 가타부타 말할 수 없으나, 고르지 못한 세상이구나 하는 정도는 말하고 싶을 뿐이다.

이제는 날개를 접자. 과거 선배들이 지나온 것과 같이 조용히 초야에 묻힌 지식인들이 사장되어 버린 그것처럼 나의 앎과 능력이라는 짐을 내려놓고 앞만 보자.

그러면 혼탁하여 보이지 않던 것들도 밝게 보이리니, 불공평한 그것보다도 타락과 패륜이라는 이맛살을 찌푸리게 하는 사건 사고들이 난무하는 어지러운 세상이지만, 그런대로 살아가는 의미를 찾을 수 있으리라.

타락(墮落)과 패륜(悖倫)

떨어지고 흩어져서 무너지고 부서지니 수습되지 않는 어그러지고 기준에 벗어난 인륜 이하의 행동들이 난무하는 세상이라고 탓들 한다.

참으로 쇼킹한 사건이 또 미국 버지니아 공대에서 터지고 말았다. 총기난사 사건, 세계를 경악(驚愕)시킨 사건, 이런 예견치 못할 사건들이 다투어 일어나고, 중동에서 일어나는 자살폭탄 사건은 만성으로 변해 새로운 뉴스에도 속하지 않을 정도로 세상이 온통 뒤숭숭하고 불안하다.

우리는 인간의 가죽을 덮고 태어났기에 인간으로 살면서 인간다운 일을 하고 살길 원하지만 금수 같은 행동을 서슴지 않으면서도 자기의 부당성을 부인하고 정당화하여 인간을 능가하는 초인이 되기를 바라는가!

인간은 인간일 뿐이다. 그런데 슈퍼맨이나 신 같은 존재가 되려고 신성한 종교나 골똘한 상념(想念)들이 자기 마음에 맞지 않고 이룰 수 없을 경우, 그것을 빙자하여 등에 업고 사이비 종교를 만들어 신의 아들을 자처하기도 한다.

그러다가 그 욕구를 잠재우지 못하면 스스로 폭발하여 사회적인 물의를 일으키는 사건들을 종종 보았다.

그들의 마수에 스스로 속아 피해를 당하는 사람이나 아무런 이유도 영문도 모르고 당할 수밖에 없는 세상이야기들은 차마 하기조차 싫지만, 사람이 사람을 속이고 우롱하려고 안간힘을 다하는 그들의 속임과 속음도 문제이다.

하지만 버지니아 공대의 애틋한 죽음 같은 사건들도 우리 주위에서 언제라도 일어날 수 있는, 한편의 영화 같은 사건들도 나와 무관한 것인 줄 알았으나 나와도 백지 한 장의 차이로 당할 수도 있다는 것을 알았다.

세상이야기 속에는 이와 같이 원리나 원칙으로는 풀 수도 없는 이변의 폭동이 등장하여 어지러운 세상을 더욱 어지럽히고 있다.

외로움과 속박으로부터 탈출해보려고 안간힘을 다해도 멸시와 따돌림, 즉 우리가 흔히 말하는 '왕따 당한다'는 피해망상의 늪에서 헤어나지 못하게 된다.

하소연도 화풀이할 상대도 이 세상에는 아무도 없다는 생각에서 궁지에 몰린 자학하는 인간의 탈출구가 막연하게 '다 죽이고 나도 죽자!'

어디 그것뿐이란 말인가?

버지니아 공대사건을 사고라 하고 싶을 뿐이다. 사건(事件)은

벌어진 일이나 일거리로 우리가 흔히 사용하는 이벤트라 할 수 있는 일이다.

사고(事故)는 '뜻밖에 일어나는 탈'이라 해석한다면 별로 다를 것이 없으나 일어날 수밖에 없는 것과 일어나지 않을 수도 있는 그것을 막지 못한 그런 차이이다.

막을 수 있는 이런 일들은 문화적, 체제적, 환경적인 차이에서 인종적 차별의 사회적 풍속 속에서 자란 선량한 폐륜(廢倫)자, 윤리가 부서지고 망가질 수밖에 없는 사람이 미국의 시민권을 가진 한국계 이민자이기 때문에 한국인인 우리가 부끄럽게 느껴지니, 이것이 우리들의 양심이다.

아무리 속이고 속고 살지만 양심이라는 것은 존재한다. 과거에는 우리의 국민이었지만 지금은 미국의 시민이다. 그러나 과거라는 것도 버리지 않는 착한 민족이다. 우리는 진실한 마음으로 진실하게 살기에 속임수가 아무리 교활해도 속지 않는 사람들이 많은 민족이다.

그렇게 사는 우리에게 달콤한 말로 귀가 솔깃한 말들을 하니 잘 속아 넘어가는 유형의 사람이 생겨나고 있다. 속이려는 사람이 나쁘다는 것은 누구라도 잘 알고 있다. 그러나 속이려는 사람의 말을 주의 깊게 살펴보면 알아볼 수 있다.

아무리 좋은 조건과 달콤한 말씨에도 가시가 숨겨져 있기 때문이다. 조금만 주위를 기울이면 이런 속임수는 피할 수 있지만 안타깝게도 당하는 사람들이 있어 안타깝다.

요사이 사기성 전화가 많이 걸려온다.

“여기는 ○○공단인데, 귀하가 납부하신 보험료가 너무 많아 환급하려고 하니 자세한 것은 별표를 눌러 상담원의 안내를 받으세요.”

참으로 명랑하며 기분 좋은 목소리이다. 그래서 별표를 눌러보자.

“귀하의 주민등록번호와 받으실 통장의 계좌번호를 누르시면 환급금을 귀하의 통장에 입금하여 드리겠습니다.”

이런 전화를 받는다면, 그것이 유쾌한 말로 들린다면 사기를 당할 확률이 아주 큰 사람이다.

‘실없는 사람들!’하며 불쾌한 감을 느낀다면 그는 신기루같이 허망된 것, 내 것이 아닌 것에는 욕심을 부리지 않는 사람이리라.

통신망의 공해가 어디 이런 것뿐이겠는가.

또 이런 전화도 있다.

“이번 저희 회사 창립기념으로 고객의 성원에 보답하고자 추첨한 선물에 귀하가 당첨되었으니 우송해 드리겠으니 받을 주소를 정확히 말씀해 주세요. 받으시는 제품에 대한 부가가치세와 배송료는 배달원에게 직접 지급하면 됩니다.”

자세히 설명까지 한다.

‘오십만 원’하는 건강식품인데, 부가가치세와 배송료가 5만5천 원이라면, 그들의 말대로 참으로 행운을 잡았다 할 것이다.

이런 전화들이 사기라는 것을 대부분 알고들 있다. 그러나 지금 이 시각에도 이와 유사한 사기꾼들에게 십 중 한 둘은 속임을 당하고 있으니, 꾼들을 뿌리 뽑아 착한 사람들을 어떻게 보호할 수 있는 방법이 없을까.

이런 당치도 않는 일들로 하루에도 수없이 걸려오는 전화, 낯뜨겁고 불쾌한 내용들의 공해 속에서 살 수밖에 없으니 문명의 이기인 통신망도 사기꾼들의 횡포에 속수무책 당하고 있다.

타락한 사회가 진전되어 패륜이라는 일그러지고 어지러워진 윤리가 생겨나고 정치, 경제, 문화의 발달이라는 것도 도덕윤리와 나란히 가기를 원하나 역행의 길로 가고 있으니 발전을 미루더라도 땅바닥에 떨어진 도덕이나 윤리도 챙길 줄 아는 정치가 아쉬울 때이다.

차기 대선주자들이나 지자체장들은 말로만 경제를 살리고 일자리를 창출하겠다며, 어렵고 듣기 거북한 말로만 하는 공약을 가지고는 더 이상 국민을 속이지 못한다는 것쯤은 알았으면 한다.

우리는 법치(法治)보다 덕치(德治)를 원한다.

악한 자를 먼저 없애고 다음 도둑을 잡아야 한다. 도둑은 감화(感化)시키면 마음이 변할 수 있지만 악인은 도무지 변하려 하지 않는다. 교활한 말솜씨가 보통이 아니다. 거짓을 이야기하려니 앞뒤 조리가 없고 허점이 드러나게 된다. 이런 꾼들은 무엇이 달라도 다르다. 그것을 알아보지 못하면 그 역시 꾼이기 때문이다.

사기꾼이 사기를 당하고 노름꾼은 노름을 해서 돈을 잃는다. 정치꾼은 정객에게 당하여 패배의 고배를 맛본다.

살얼음판 같은 현실, 이런 어려운 사회를 '살얼음판 같은 살풍경'이라는 좋지 못한 말을 한다.

살풍경(殺風景)

우리 주위에는 눈살을 찌푸리는 경우들이 너무 많다. 흔히들 '눈 뜨고는 볼 수 없다'는 말로 목불인견(目不忍見)이라고 한다.

청정한 계곡 물가에 엄연히 '이곳에서는 취사나 고기구이 하는 행위는 할 수 없습니다'라는 안내문 앞에서 고기도 굽고 음주나 고성방가(高聲放歌)를 일삼는다. 이렇게 주위 사람들의 낯을 찌푸리게 하는 행동들을 서슴지 않는 무리들을 유식한 말로 표현한다면 청천탁족(淸泉濯足) 즉, 약수터에서 발을 씻는 행위를 하는 얌체들이 그 예이다.

그뿐인가, 화상건군(花上乾裙)이라는 말과 같이 아름다운 꽃 위에다 빨래(치마)를 널어 말린다는 것처럼 '잔디를 보호합시다'라는 팻말들과 끈으로 경계를 표시해 놓고 '통행금지', '주차금지'라고 써 놓았는데도 아랑곳하지 않고 밀고 당기고 마구 파고들기 일쑤이다.

대화상차(對花嘗茶), 꽃구경하며 술은 마시지 않고 차를 마시는 유원지의 진풍경이 아닌, 무질서하여 풍경을 죽이는 살풍경이라는 말이 저절로 나온다.

이런 곳은 내가 있을 곳이 아닌 것 같아 자리를 뜬다. 한적한 곳, 그런 곳을 찾다보면 하루해를 허비하기 일쑤다보니 나들이도 힘이 든다.

노력(勞力)의 대가(代價)

자기 스스로의 힘으로 얻은 대가이다.

그것만큼 소중한 자산은 아마도 없을 것 같다. 순수한 내 것이라는 것보다 소중한 것은 이 세상에 존재할 수 없다.

그러나 내 것, 나만의 것, 그것이 과연 얼마나 되는가.

사람이 가진 것, 아는 것이 많으면 얼마이고, 없다면 또 얼마나 되는가. 진정한 내 것을 가진 자만이 내 것을 알고 내가 가진 것, 아는 것만큼만 알기에 그것이 그의 앎이다.

앎은 같을 수 없다. 똑같은 환경과 조건 속에서 배우고 노력으로 얻은 재산도 사람이라는 그릇의 차이로 엄청난 차이로 변할 수 있는 인성(人性)이기에 차이는 천차만별이라 할 수 있다.

인성의 차이라는 한계(限界)는 정해질 수 없다. 인간의 머리로 생각해 내는 깨달음의 표출, 감정이라는 그것과 뒤섞인 인성을 구분하여 따질 수 없지만 내가 노력하여 정당하게 얻은 대가, 그것에 대해 아무도 트집 잡아 따질 수 없다면 그것은 순수한 나의 노력의 대가인, 내 인성이라는 좋은 본보기일 것 같다.

그러한 인성은 많은 사람들이 알아주지 않아도 서운할 것도 아쉬울 것도 없는 이름 없는 산골짜기 옹달샘의 작은 물같이 차고 넘침도, 그리고 떠내도 마르지 않아서 여러 사람이 마실 수 없어도 진정 그 물이 필요하여 찾아오는 사람에게는 조금씩이라도 나누어줄 수 있는 생명수라 할 수 있다.

이런 인성은 돈으로도 살 수 없는, 사람이 사람에게로 가는 정이라 마르지 않는 샘과 같은 노력의 대가인 것 같다.

정답(正答)과 오답(誤答)

맞는 말이나 틀린 말이 뒤섞여 있으니 과연 정답이 존재하는가. 정답을 말해도 받아들이는 상대가 아니다 하면 오답이다. 오답도 옳다고 고집하면 방법이 없다.

이런 우격다짐은 알고서 억지를 부리는 것과 모르기 때문에 혹은 착각으로 일어나기도 한다. '이러니 저렇고, 저러니 이렇다'라고 하면 자기가 알고 있는 것이 다 옳다고 뽐내는 사람과 논쟁을 벌이면 시끄러워지기 마련이다. 그 시끄러움이 싫어서 피하면 되지만 사람이라 자존심의 덩어리로 뭉쳐져 있는지라 조금도 양보할 줄 모르니 줏대라는 그것을 앞세워 밀고 나가려한다.

이것이 나의 정과 오의 답이다. 나의 정답이 틀렸다고 시비를 거는 사람들의 정답 좀 들어보자. 남을 평(評)만 하는 사람들의 정답 좀 들어보자.

국가의 강제력을 수반하는 사회규범인 법으로도 같은 법을 적용하여 같은 죄를 지은 사람을 죽일 수도 살릴 수도 있다. 이상과 이하의 아주 작은 차이에서 이런 법칙을 교묘히 이용하여 처함을 당하지 않고 그 망을 벗어날 수 있는 백지 한 장의 차이보다 좁은 공간, 그 좁은 공간을 용케 빠져나가기 위한 수단을 돕는 것을 변호 또는 변론이라 한다.

그 변론이 힘없고 억울함을 도와주는 변론이었으면 하지만 그들의 도움도 서민은 힘겨우니, 고문변호사를 고용하고 있는 사람에게만 유리한 제도인 것 같다.

법망(法網)

망은 어망, 투망, 방충망 하는 그물만 있는 것이 아니라 법망도 있다. 금망(禁網)은 탈법(脫法)하는 범죄자에 대해 제재를 가하기 위한 법의 그물을 말한다.

이런 망은 물고기를 잡는 그물에 비유(比喩)한 말이다.

물고기를 잡으려고 쳐놓은 망을 용케도 피하는 약삭빠른 놈이 있는가 하면, 방충망을 벗어나는 곤충 무리들도 있다.

그러니 한 차원 높은 만물의 영장인 사람들은 그런 법망쯤은 아무리 촘촘한 법망이라도 문제 될 리가 없다.

법망 하니 훈자오설(訓子五說)이 생각나 적어보자.

조선 초기 학자 강희맹이 아들을 훈(訓)하는 5가지의 뜻이 담긴 글이다. 부자(父子)의 관계, 농부와 곡식의 관계와 같이 농부가 곡식을 가꾸지 않으면 굶주림의 환난(禍亂)을 겪고, 아버지가 자식을 가르치지 못하면 환난을 초래한다. 곡식을 기름에 있어 거름을 주고 김도 매주듯이 사람은 자식을 훈계하기 위하여 편달(鞭撻), 즉 매를 대서라도 가르치는 데 소홀히 해서는 안 된다는 '훈자설' 즉 '5설'이다.

도자설(盜子說)은 도둑의 아들 이야기이다. 아버지 도둑과 아들 도둑의 이야기를 통해 우의적으로 말하고 있고, 도둑이 곤경을 헤쳐 나오는 이야기를 통해서 지혜란 배워서 되는 것이 아니며, 학문의 길에서도 스스로 지혜를 터득하도록 힘써야 한다고 말하고 있다.

담사설(膽巳說)은 뱀을 잡아먹은 이야기이다. 자기가 한 일이 잘못된 일이 아니면 부끄러워하지 말아야 하며, 탐욕과 방황의 기미가 보이면 그것은 수월히 대해서 일어난 것이라는 가르침이다.

등산설(登山說)은 아들 3형제를 높은 산에 오르게 한다는 말이다. 한 아들은 자기의 힘만 믿고 오르지 않고 서성거리고, 다음 아들은 오르다 힘이 드니 중간에서 쉬고, 마지막 큰아들은 열심히 산을 올라 정상을 구경했다는 이야기이다.

삼치설(三雉說)은 꿩을 잡는 세 가지 방법을 통해서 교훈을 얻는 이야기이다.

나쁜 친구의 꾀임에 빠져 나쁜 짓을 하는 사람과 다른 사람이 아무리 꾀려 해도 바른 성격으로 그들과 같이하지 않는 사람이 있다. 나쁜 것을 분별할 줄 알아서 소홀히 하지 말라는 이야기이다.

요통설(尿通說)은 오줌통 이야기이다. 시장 사람들을 위해 설치한 간이변소이니 다른 양반들이 쓰면 불결 죄를 받도록 했다. 그러나 한 양반의 아들이 매일 사용했다. 처음에는 많은 사람들이 말렸다. 다음에는 말리는 사람이 줄어들고 마지막에는 아무도 그를 말리지 않았다. 그러다 일련의 사건으로 마음을 바로잡고 착한 선비가 된다는 이야기이다.

웃음 속에 칼날이 숨겨져 있고 성냄 속에 사랑이 담겨있듯이 말과 행동의 속뜻을 이해해서 잘못된 것은 고쳐야 한다는 가르침이 있다.

우리 주변에는 배울 설(說)이나 가르칠 훈(訓)도 많으나 사리를 분별하지 않고 엉뚱한 수작을 부리려는 무리들이 많다.

잘 안다 하고도 알고도 모르는 척하는 수작….

수작(酬酌)은 술잔을 주고받거나 말을 서로 주고받는 것을 말한다.

우리가 느끼는 감(感)은 막연한 느낌의 감각의 오감, 즉 보고 듣고 느끼고 생각하여 판단하는 기분이나 심정, 지각, 그런 것을 감각능력이라 한다.

관념이나 인지, 통찰할 수 있는 그런 제정신이 들 수 있는, 본정신으로 돌아갈 수 있는 분별력이 생긴다면 이런 것을 '납득하였다, 깨달음이 있다'라고 말한다. 훈(訓)한 대로 설(說)한 대로 살 수 있을 것 같다.

저술(著述)

'글이나 시문을 쓰다'와 '분명하게 글로 표현하다'로 해석하자. 찬술(撰述)은 '시문을 지어 글로 표현하다'이다.

지금 나는 평생 동안 살아오면서 보고 들으면서 그 느낌과 또 앞으로의 바람을 밑그림도 없이 틈나는 대로 정리하고 있다.

며칠에 한 번씩 버려진 패지(敗紙)에 번잡스럽고 어지럽게 그려져 있는 낙서들을 남의 눈에 들키기 싫어서 컴퓨터에 옮겨놓고 그 밑그림을 휴지통에 버렸다.

이렇게 모은 글들이 〈1권 신호등〉이고, 〈2권 집착을 버리면 세상이 보인다〉이다. 이렇게 2권의 책이 되었고, 지금 3권에서는 세상 사는 이야기를 좀 하려고 두서없이 자판기도 두들기고 있으나 이것이 창작이나 저술이 될 수 없으며, 거창하게 말해서 수필형식인 에세이를 본뜬 낙서인 것 같다.

우리 주위에는 많은 창작물과 논술 그리고 수필집도 많다. 늘 그런 것들을 읽고 배웠건만 내가 쓰려고 하니 앞뒤가 엇갈리고 머리에서는 좋은 글귀나 하고픈 말이 참으로 많은데 글로 표현하려 하면 숨어버리고 마는 것 같아 아쉽기 그지없다.

좋은 글귀를 보면 '나도 저런 창작물을 만들 수 없을까?' 하는 욕심 때문일까.

내가 읽어둔 책들 중에 '훈몽자회'라는 책이 생각난다.

훈몽자회(訓蒙字會), 중종 때 최세진이 지은 학습서이다.

일상생활과 거리가 먼 고사(故事)와 추상적(抽象的)인 내용을 어린이들이 읽기에는 부적당하여 이를 보충하기 위하여 만든 책이다. 천문지리에서 농·상·공, 그리고 금수나 곤충과 가축, 식찬과 복식, 음악, 질병, 잡어(雜語) 등 모두 33개의 물목(物目)을 나누어 배열하고 사물의 글자까지 적혀있다.

이런 글들이 고어 연구에는 물론 국어학상 획기적인 자료이기 전에 어떻게 이렇게 방대(尨大)한 창작물을 만들 수 있었을까. 이런 종류의 저서야말로 진정한 보고인 것이다.

상중하 3권의 삼천삼백육십 자를 사자성어로 유취(類聚, 事文類聚) 중국 고금의 인사들을 모든 방면에 걸쳐 수집해서 분류한 책) 하여 33항목으로 갈라 한글로 음과 뜻을 달으니 과연 훈몽자회인 것이다. 또 대승기신론(大乘起信論)이란 이런 창작물도 생각난다.

"온 시방(十方)의 가장 뛰어난 능력(業)으로 아시며 몸(色)이 걸림 없이 자유자재하신 대비심(大悲心)으로 세상을 구원하시는 부처님과 저 부처님의 체(體)와 상(相)의 바다에 비유되는 법성진여와 한량없고 공덕을 갈무리한 여실히 수행하는 구도자의 귀명하옵나니 중생으로 하여금 의혹과 삿된 집착을 버리고 대승의 바른 믿음을 일으켜 부처의 종자가 끊이지 않게 하는 까닭입니다."

중생이 중생의 탈을 벗고 부처가 되려면 고귀한 목숨을 바쳐 불·법·승 삼보에 귀의(歸依)하고 공경해야 한다는 것으로 안다.

이런 내용도 책에서 읽고 사찰에 잠시 머무르는 동안 들은 경론이지만 석(釋)이나 논(論)도 이야기할 수 없고, 섭(攝)할 수 없으니 불보(佛寶), 법보(法寶), 승보(僧寶)를 저술한 이유를 아는 대로 적어보고 이해하는 대로 그치고 말뿐이다.

삼보일심(三寶一心), 근원으로 돌아가자. 삶과 죽음과 괴로움을 자각에서 귀의하게 되는 것이 대승기신론을 저술한 동기인 것 같다. 무위자연(無爲自然)의 모든 것이 각기 자신의 본성 안에 안거(安倨)하면서 무용(無用)으로 천수를 다해야 한다는 것이니 이런 창작물을 읽었으면 논하지는 못해도 그 뜻이라도 음미하고 이해하려 노력하자.

삼보 즉, 불·법·승(佛法僧)이다. 한 생각으로 깨달아 바르고 청정(淸靜)하여 경지에 이르는 것, 거룩한 가르침에 귀의하는 귀의불(歸依佛), 불·법·승 삼보의 바른 믿음은 귀명(歸命) 즉, 삼보(三寶)에 돌아가 몸과 마음을 불도에 의지한다는 말로 표현해본다. 그 믿음의 대상이 삼승 불보라 하는 아주 어려운 법 보니 이해할 길이 없으나 석가모니를 비롯해서 여러 부처님의 참 진리를 가리킨다 한다.

붓다(Buddha)란 '깨달음을 성취한 이'를 의미하는 것이라고 말씀하신 주지스님의 설법을 더듬어본다.

논술(論述)

근간에 한참 시끄럽게 떠도는 단어이다.

'사리를 밝히어 글로 표현하라. 평하여 설명하라'는 말이다. 논술고사가 등장하니 논술과외가 극성을 부려 시끄러울 수밖에 없다. 이리해 보고 저리해 보아도 신통치 않으니 삼불(三不)정책이라는 것이 등장하여 점점 혼란스러워지지만 무엇인가를 결정토록 지혜를 모아야한다.

그리스의 철학자 소크라테스는 자신의 무죄를 변명하기 위하여 많은 재판관뿐 아니라 전 인류 앞에 혼자 서서 철학자로서 인류의 스승으로서 생과 사를 좌우하는 논술을 했다. 〈소크라테스의 변명〉은 제자 플라톤이 저술한 철학서로서 소크라테스가 아테네 법정에서 변명한 내용을 소크라테스 자신의 일인칭 형식으로 기술하였다

그런데 왜 재판관들은 그에게 유죄판결을 내렸는가?

그의 논술이 너무 타당하여 잠시 졸았다는 설도 있지만 그의

말대로 재판관을 깨우치는 충분한 논술이 되지 않아 실패했다고 한다. 이렇듯 위대한 철학자도 완벽한 논술을 구사하지 못한 것이 아닌가.

그러나 논술은 대입수험생의 필수만이 아닌 각종 학술적인 논문이나 출판물의 창작 평가가치로 수사(修辭)법의 언어능력 구사(構思) 등 핵심적인 자기 변별력의 기초인 것이다.

창작이나 논술, 그리고 평론의 차이란 무엇인가 하는 것조차도 모르고 글을 쓰니 내 글은 낙서일 뿐이다.

사리를 밝혀 글로 논(論)할 줄도 모르고, 술(述)은 글로 표현하는 것인데 술(術)로 착각하고 있었으니….

계략(計略)이나 술수(術數)를 쓸지도 모르니 모르면 말하지 마라 하면 안 되는 것으로만 알고 살았다.

그러니 삼불(三不)보다 더한 것을 요구해도 오직 지시(指示)하는 대로 사는 것이 바른길인 정도(定道)이며 정해진 길인 줄만 알고 살아왔다.

이것이 과거 착한 우리 국민이 살아온 길이다. 그러나 그 정도가 정해진 길이 아니고 바른길임을 알았다.

평(評)도, 논(論)도, 술(述)도 해야 하고, 잘못 내려진 지시는 거부할 줄도 알아야하는 것을 깨달았다. 아무리 훌륭한 소크라테스의 논술도 혼자의 힘으로는 역부족인 변명인 것을…. 그러기에 우리 국민은 이제는 아무리 달콤한 말도, 유혹의 금품도, 거부할 줄 아는 눈과 지혜를 가지게 되었다.

이제 우리 국민들이 관망하며 구경만 하고 있을 때는 이미 지났다. 이제는 참을 알기에 참여하여 결정을 내릴 줄 알고 있다. 이것이 과거는 민심이고, 지금은 참여라 하는 민주주의의 이념인 '참여정치'라고 한다.

옛날이야기 좀 하자. 중국 초나라 때 장자가 전국시대(戰國時代)의 어지러운 시국을 논할 수 없어 낙향하여 낚싯대를 드리우고 있을 때 그를 찾아가 등청을 권유한 초왕의 명을 거절한 절묘한 글귀가 흉금을 울려 적어보자.

"듣자 하니 초나라에는 삼천년 묵은 거북이 있다가 죽으니 왕은 상자 속에 넣어 종묘에 모셨다 하는데, 그 거북의 처지를 보면 죽은 뒤 존경을 받는 것이 좋다 하겠소, 아니면 흙탕 속에서 살지라도 꼬리를 흔드는 노릇이 좋다고 하겠소?"

"그야 살아서 흙탕 속에서 노니는 것이 훨씬 낫겠지요"라고 말하며 장자는 고함을 냅다 질렀다.

"빨리 내 눈앞에서 사라져 버려라. 나도 죽어 존경을 받느니 이렇게 살아서 흙탕물 속에서 노닐며 꼬리라도 흔들고 싶다."

이 글의 교훈은 장자의 낙향 이후, 낚시로 세상 번뇌를 잊으려는 심경과 초왕이 인재를 잃을까 고민하여 보낸 신하와의 갈등이 들어 있다.

나라의 정사를 맡아주면 고맙겠노라 청한다고 전하여도 장자는 뒤도 돌아보지 않고 그가 한 말 속에는 집착도 집념도 버린 공백의 순수한 그대로의 자연인인 것이다.

삶은 역사의 수레바퀴와 같은 것을 알기에 "나도 죽어서 존경을 받느니 이렇게 살아서 흙탕물 속에서 노닐며 꼬리라도 흔들고 싶다"라는 글을 쓸 수 있는 장자의 본명은 장주(莊周)이며, 중국 전국시대의 사상가이며 문장가, 논술가, 철학자였다.

학문(學問)의 문(文)이나 문(問)은 다 배우는 것이다. 좋은 글이나 말, 행동을 듣고 보고 하여 얻은 학문이 너무 깊어 장자가 지은 글이 십여만언(拾餘萬言)이라고 한다. 문장(文章)의 기이함은 천하일품이며 대개 우언(禹言)들로 되어 있다.

'우언(禹言)'은 간접적으로 다른 사물에 비교하여 말이나 글로 풍자와 교훈을 나타내는 말로써 장자의 지혜를 엿볼 수 있다.

나는 이런 표현들을 읽고 내가 세상물정에 밝지 못한 우둔한 말을 하는 '우언(迂言)'한 사람임을 알았다.

두 사람이 마주 대하여 이야기한다는 뜻의 '우어(偶語)'처럼 논과 술을 잘못 이해하면 뜻하지 아니하게 어리석은 비슷한 소리나 말을 하고 있을 뿐이다.

"살아서 개똥밭에서 굴러도 이승이 낫다"는 말이 있다. 이런 말도 우언으로 삶에 대한 사람들의 가치관을 말한다. 사람이 살아가기도 바쁜데 저술, 논술을 논할 여유가 없다고 하면서도 평론가 이상으로 남을 평하기를 즐긴다.

"단문즉시심산 독서수처 정토(團門卽是深山 讀書隨處 淨土)"

"문(門) 닫으면 바로 심산(深山)이고, 독서하면 곳곳이 정토이다."

이 글귀는 해석이 필요 없다. 스스로 심취하여야 심산이고 정토인가를 느낄 수 있으니, 각자 심취(深醉)하자.

"달을 탐내다…. 취월당(醉月堂)"

"스님이 달을 탐(貪)내어 한 병(甁)의 물에 달까지 담았네. 절에 가서 알았네. 병(甁) 기울이면 달도 함께 없어지는 것을…."

이런 창작들도 과거 내가 읽고 감명을 받았으니 지금도 잊혀지지 않고 머릿속에 생생이 기억되고 있는 글들이다. 그러나 설명하고 자랑할 곳도 없다.

나만 알고 있기에는 너무 아까워 이렇게 적어놓으니, 누구라도 읽어보고 모르면 알게 해주어 고맙게 여길 테고, 알고는 있지만 너무 오래 되어 잃을 뻔했다면 다시 음미(吟味)하여 전보다는 좀 다른 '감흥(感興)'이 '감흥(酣興)'이 될 것 같아 적어본다.

논하고 술하고, 우언우어(寓言偶語)하다가 감과 흥을 음미하니, 창작글이란 느낀 대로 쓰다보면 이따금 '혼자만의 순수(純粹)한 내 것도 있을 수 있구나' 하고 깨달았다.

수필(隨筆, Essay)

하나의 주제를 평이하고 간단하게 쓴 문학적인 글이라고 한다. 보통 작가 개인적인 경험과 견해(見解), 의견(Opinion)을 쓴 개인적인 사고와 체험을 표현한 글이라 할 수 있다.

Essay는 프랑스어로 '시도' 혹은 '시험'이라는 뜻이다. 수상록(Essays)은 자신의 사사로운 일들에 대한 생각을 생생하고 인상적인 방법으로 기록했다면 수필문학이라 칭해질 것이다.

수필은 16세기말 프랑스 몽테뉴가 처음 자기 글을 수상록으로 출간했고, 영국의 최초 수필가 프렌시스 베이건은 그의 수상록과는 완전히 다른 주제로 야망, 진리에 관하여 높은 위치에 관해서 심각하고 무거운, 위엄 있고 장중한 모양을 갖춘 글로 인기를 얻었다.

우리의 수필이라는 용어는 일정한 형식을 따르지 않고 인생이나 자연 또는 일상생활에서의 느낌이나 체험을 생각나는 대로 쓴 산문 형식의 글을 말한다.

동양에서 수필은 과거 중국 남송 때 홍매의 용재수필(容齋隨筆)이나 우리나라 박지원의 열하일기에 나오는 일신수필(馹迅隨筆)에서 처음 소개되었다.

수필도 고대수필 현대수필로 나누어 보면 고대 한문수필과 한글수필도 있고, 고려시대 이인로의 '파한집', '보한집' 등은 한문으로 써진 잡기(雜記), 야록(野錄), 야문, 야담, 만필 등으로 불려져 가다가 비평이나 구체적인 형식을 갖추지 못하고 소설 등도 일반적으로 수필에 포함시키고 있는 것 같다.

근대 수필 역시 유길준이 펴낸 '서유견문'이 대표 수필이라 할 수 있다. 많고 많은 수필집들을 읽어도 보았고, 또 기억에 남는 것들도 많다.

고전의 '조침문', 현대의 '청춘예찬'이나 '신록예찬'들도 감명깊게 읽고 또 읽었다.

자기의 느낌이나 의견 따위를 자유로운 형식에 따라 적은 산문들이 그렇게도 감명을 줄 수 있는 것도 있고, 혹은 특별한 주제에 관한 시론(試論)이나 소론(小論)들도 있지만 어느 것은 짜증스러운 여운을 남기는 것도 있기 마련이다. 같은 내용도 보는 사람의 취향에 따라 다름을 안다.

조침문(弔針文), 조선 순조 때 유씨 부인이 지은 최초의 국문수필로 제침문(祭針文)이라고도 한다. 일찍 남편을 잃고 바느질로 소일을 하며 지내던 양반 가문의 한 부인이 오랫동안 아끼던 바늘이 부러져 애통한 심정을 달래려고 바늘을 의인화하여 제문(祭文, 죽은 사람을 조상하는 글)의 형식을 빌려 쓴 수필로써 표현이 재미있고 문장력이 뛰어난 것이 일품이라 여겨진다.

"유세차 모년 모월 모일에 미망인 모씨는 두어 자 글로써 침자(針者)에게 고(告)하노니 인간부녀(人間婦女)의 손 가운데 종요로운 것이 바늘이거늘… 세상 사람이 귀히 아니 여기는 것은 도처(到處)에 흔한 바이로다. 이 바늘은 한낱 작은 물건이나 이렇듯이 슬퍼함은 나의 정회(情懷)가 남과 다름이다. 오호통재라 아깝고도 불쌍하다. 너를 얻어 손 가운데 지닌 지 우금(于今) 이십칠 년이라. 어이 인정이 그렇지 아니하리오. 슬프다. 눈물을 잠깐 거두고 심신을 겨우 진정하여 너의 행상(行狀)과 나의 회포(懷抱)를 총총히 적어 영결(永訣)하노라."

오방신(五方神)

동서남북과 그 가운데 중심, 중앙을 지키는 신(神)을 말한다. 사방과 그 가운데를 관장하는 신이며 신 중에 중심을 지키는 신이니 으뜸의 신인 오방신장이다. 이를 미신이든 아니든 믿는 사람은 철저히 믿으니 탓할 리 없다.

과거 오방신제는 기우제를 열 번 지내도 비가 오지 않으니 열두 번째로 지내는 기우제를 말한다. 얼마나 답답하면 12번씩이나 기우제를 지낼까.

운주유악(運籌帷幄)은 고조본기(高祖本紀)에 기록된 말로서 장막 속에서 여러 모로 계책을 강구하고 음모를 꾸민다는 말이다.

과거 중국 천하를 통일한 한고조 유방이, '본인이 천하를 얻은 까닭과 항우가 천하를 잃은 까닭'을 이렇게 말하였다.

"나라는 사람은 계획을 세워 장막 안에서 움직여 천 리 밖의 승리를 얻게 하는 데는 장량만 못하고(夫運籌帷幄之中 決勝於千里之外 吾不如張良), 나라를 편안히 하고 백성을 어루만져 주며 군대에 보급을 끊어지지 않게 하는 데는 내가 소하만 못하며, 백만의 군사를 거느리고 싸우면 반드시 승리하고, 공격하면 반드시 빼앗는 것은 한신보다 못하다.

그러나 내가 장량과 한신, 소하와 같은 참모와 용장을 잘 통솔하였기 때문에 그들이 재능을 제대로 발휘할 수 있었다. 이것이 내가 천하를 차지한 이유이다. 반면 항우 밑에는 범증 한 사람의 인재뿐이었는데 그마저 제대로 쓰지 못했다. 이것이 항우가 나에게 패한 이유이다."

투명하지 못한 정책을 밀실정치라 한다. 우리는 과거 밀실정치를 경험하고 살았다. 밀실에서 몇몇 사람이 꾸며낸 정책이 바를 수 없고 밀실에서 속닥거리는 짓거리는 바람직하지 못한 속임수인 것으로 알고 있다.

방책을 강구하는 것이 사전에 기밀이 누설되어 피해(被害)가 엇갈려서는 안 된다.

알 권리(Right to know)란 국민 개개인이 모든 종류의 정보와 사상을 방해받지 않고 요구하고 또한 그것들을 받을 권리를 말한다. 여기서 정보란 좁게는 국정(國政)에 관한 정보를 말하나, 넓게는 민간기업, 특히 매스미디어 산업, 군사산업, 공해산업 등에 관한 정보까지를 모두 포함한다.

모든 것을 알면 좋다. 그러나 '모르는 게 약이다'라는 말도 있다. 미리 알면 시끄러울까봐 밀실에서 꾸며 좋은 안을 만들었으면 공개하여야 한다.

잠시 속이는 밀실정치나 정책은 국민들도 이해한다. 그러나 숨기려다 들통 나면 사실을 은폐(隱蔽)하거나 변명을 하는데, 투명(透明)한 정치를 바라는 국민의 염원에 귀 기울이는 정치를 하기 바란다.

회자인구(膾炙人口)

회나 구운 고기, 둘 다 맛이 있다는 말이다. 맛있는 음식이 사람들의 입에 오르내리듯 시문(詩文) 등이 사람들의 입에 많이 오르내리고 칭송(稱頌) 받는 것을 비유한 말이다.

이 말은 아무리 밀실에서 이루어진 것이라도 사실은 널리 사람에게 알려진다는 말이다.

아무리 숨기려 하거나 감추어 보려고 해도 이제는 헛수고라는 것을 알았으면 투명한 정책이나 정치를 펴야한다.

한참 시끄럽던 탄(彈)과 소(訴), 탄핵도 하고 소추도 할 수 있는 민주주의국가에서 우리는 살고 있다.

탄핵소추(彈劾訴追), 총알처럼 캐묻고 따지고 하소연하고 소송을 하여 결정을 좇아야 한다는 말로 풀이해 보자.

"검사가 공소를 제기하여 유지하는 일, 탄핵을 발휘하여 파면을 구하는 행위. 허물을 들어 논박함. 죄인을 추궁하고 비행을 조사하며 그 책임을 추궁하는 일. 공무원의 비행에 대해 소추에 의하여 이를 처벌하는 행위 등.”

이런 일들이 국가 영수인 대통령도 예외가 될 수 없는 그 막강한 힘을 지닌 국민을 대표하는 국회나 사법부도 갈팡질팡 헤매는 것 같다.

죄(罪)를 지으면 죄인이다. 법(法) 앞에 죄는 공평하여야한다. 그러나 그 죄나 법도 금력 앞에서는 맥을 못 춘다.

자기 자신을 변호하기 위해서 금력의 힘을 빌려 큰소리도 치고 만용을 부린다면 ‘생긴 대로 놀고 있다’라는 비난만을 받겠지만….

그런 배경을 이용하여 일을 저지르고 있는 가족, 그리고 측근의 잘못을 훈계치 않고 동조하거나 부추기는 행동들이 도처에서 일어나고 있다.

추궁죄인(追窮罪人)의 신분이지만 아무리 추적(追跡)해 보아라. 소송(訴訟)도 겁나지 않는다. 소권(訴權)도 소장(訴狀)도 너희들 따위의 소원(訴願)은 아무 소용도 없을 테니 억하고 떨어져라 한다.

그러다 일이 터지고 나면 억만금을 뿌려서라도 일을 해결하려고 허울 좋게 사회에 환원하기도 하고 보석금(保釋金)이라는 막대한 돈을 사용한다.

그런 돈도 힘없는 피해 당사자에게는 아무 소용이 없는 일이고 보니 큰 소리로 울어대는 와성(蛙聲) 즉, 개구리 울음 소리인 양 잠시 시끄럽게 울어대다가 철이 지나면 사라지고 마는 것일 뿐이다.

이런 일들이 보편화된 사회에서 이런 말이나 글을 쓴다고 조금이라도 변할 수 있을지 천어만언(千言萬語) 즉, 천 마디 말과 만 번의 글이 무색한 잡설(雜說)일 것 같으니 어찌 한담….

괴력난신(怪力亂神)은 괴이(怪異)와 용력(勇力)과 패란(悖亂)과 귀신이라는 뜻으로 이성적으로 설명하기 어려운 불가사의한 존재나 현상을 이르는 말이다.

괴력난신이라는 오방신도 배운 법(法)이나 율(律)도 허구든 사실이든, 믿고 아니 믿는 것보다도 내가 배운 대로, 아는 대로 설(說)할 뿐이니 세상에 머무르는 동안 아는 데도 다 전할 수 없으니 아쉬울 뿐이다.

사람은 비판을 받아야 비로소 깨달음을 얻는다고 하였다. 윗사람에게 아부하여 그를 추켜세워 주기만 일삼으면 그는 무엇을 알고 깨달아 진실을 알고 살 수 있겠는가.

바른 것을 바르다 하고, 그른 것은 그르다 하여 사실을 고할 줄 아는 사람이 그를 진정 위하는 것이다.

잘못돼 가는 후계자, 진정 그를 아낀다면 감싸는 것만이 능사가 아님을 알아 사랑의 매라는 교편(教鞭)의 본래 뜻대로 가르치지 않고, 교편(教便)의 편리한 대로 가르치는 폐단이 생겨난다면, 맹모삼천지교의 마지막 이사한 곳이 학교 근처가 아닌 곳이 될지도 모른다면, 자녀들의 참교육을 위해서 어디로 옮겨야 할지 심히 걱정일 것 같다.

윗사람이 되려고 안간힘을 다해 얻은 자리인데 품위를 유지해야 격(格)이 있을 법한데, 격조(格調)나 품격(品格)이 그에 합당치 않는다면 그 틀이라는 격자(格子)가 흐트러진다는 원칙인 격심(格心).

자기를 정정당당하게 드러내놓고 말할 수 있는 자신감이 생기고, 죄를 지으면 숨기려는 마음인 둔심(遯心)으로 괴로운 삶을 살리라.

도절(盜竊)

'몰래 남의 것을 훔치다'라는 말로 해석하는데 '남몰래 밀통(密通)하여 훔치다'라고 해석하고 싶다.

남의 것이라도 행동이나 사용하는 말씨, 좋은 가르침은 훔치고 모방해도 탓할 사람이 아무도 없는 그런 훔침이라면 그것을 얻기 위해 여러 사람들과 밀통하여 얻은들 그런 훔침은 정당한 것이 아니라도 비난하지 않으리라.

표절의 시비가 끊이지 않고 도절, 그리고 모방, 도용하는 말들이 난무하고 있으니 무형인 말을 하기도 어려운데, 유형의 글을 교편(敎便)이라 표현했으니 제멋대로라고 비난도 하겠지만 편안한 가르침이나 배움이 아쉬울 뿐이기에 잠시 안이한 생각으로 넋두리를 다시 해본 것뿐이다.

나도 남이 저술한 시 한 수를 표절하여 보자.

시냇가에 집을 짓고 한가로이 살다보니.
풍월에 흥이 겨워 주체할 길 전혀 없네.
손님도 오지 않고 새들만 지저귀니,
자리를 옮겨 놓고 책을 보며 누웠노라.

이런 좋은 글을 여러 사람들이 알고 있겠지만 나 혼자만 알고 있지 않을까 하는 생각으로 적은 것뿐이다.

개벽(開闢), 열고 통달하여 물리치고 제거하다. 벽을 헐고 공존하자. 그리고 나눔, 이런 것들이 교류이다. 내 것이 소중하지만 그것으로 어려운 사람들에게 도움이 된다면 큰 기쁨일 것 같다. 적은 도움, 큰 행복, 돕고 사는 세상이 그립다.

공자의 스승이 노자일 수도 노자의 스승이 공자일 수도 있다고 했다. 70세 할아버지가 어린손자들이 하는 컴퓨터게임을 배워서 해보니 참으로 재미가 있다.

좋은 것, 모르는 것을 배우는데 스승과 제자나 선후배가 따로 있을 수 없다. 선배 대학생이 군복무를 마치고 학교로 돌아오니 후배가 강사가 되어 스승으로 변했다.

당연한 흐름이다. 창피하다 생각하면 영영 퇴보의 길을 갈 수밖에 없다. 과거 내 밑에서 일하던 사람인데 하는 고루한 생각으로는 외톨이로 전락되고 말 것이다.

이제는 자만이라는 옹고집을 버려야 한다. '내가 어떻게 그런 일을 할 수 있어, 굶어 죽어도 못한다'라는 말도 다 배부른 흥정이다. 배고픈 것을 모르니 배부른 흥정을 한다. 이제는 이런 배부른 소리는 집어치우자.

잉여(剩餘), 남아돌아 여유가 넉넉하다. 수입이 넉넉해야 먹고 입는 것, 그리고 주거할 공간이 넉넉한 후에 남아도는 잉여 소득을 가처분하여 문화적 소비로 지출할 수 있다.

그러니 오늘날에는 풍족한 수입을 올리는 사람들로 넘치는지 여가시간은 늘어나고 근무시간은 줄어드니 유원지나 명승지의 유흥업소는 호황을 누린다.

주5일 근무제, 아직은 빠르지 않을까. 공평할 수만은 없지만 같은 회사에 근무하면서도 배움과 직분에 따라 1주일 꼬박 일을 해도 주 5일 근무하는 사람보다 급료가 절반에도 못 미친다면 평준화된 사회일 수는 없다.

능력의 차등은 있어도 근무조건을 차별화 하는 규칙은 바람직함이 아님을 알기에 노사니 정규직·비정규직하는 마찰들이 끊이지 않는다. 사무직이나 노무직들도 자동화와 컴퓨터의 보급 발달로 큰 힘을 안 들이는 편리한 세상이니 고도성장의 고밀도의 도시를 탈출하여 교외로 진출하고자 하는 무리들이 늘어나고 있다.

그리고 의학의 발달로 평균수명도 연장되고 생활수준도 풍요로움을 찾아 관광여행과 레저스포츠들로 글로벌화 되어가니 지구촌이 좁아졌다.

명품(名品)이란 유명상품의 브랜드를 말한다. 소인(燒印)은 불에 달군 인두로 찍은 상표를 뜻하니 모방이나 변형할 수 없어야 한다. 그런데 아무런 죄의식도 없이 명품을 복제하여 만들고 있고, 또 그런 것을 사용하면서도 당연한 것으로 알고 사용하고 있다.

유사품은 비슷하니 다행이다. 그러나 유사품도 아닌 가짜 정품이 판을 치는 세상이다. 말도 많고 탈도 많은 시끄럽던 UR이나 FTA도 결국은 합의가 다 되어 간다. 농·공·상과 모든 분야에서의 무역장벽이 무너지고 있으니 앞으로는 교역상담이나 물품구매 등을 위한 여행객의 왕래도 빈번해질 것이다.

우리도 새로운 브랜드를 개발, 가능성과 상징성 있는 성실하고 세련된 미래지향적인 매력이 넘치는 풍부한 상상력을 총동원하여 현실적인 감각에 맞는 독특한 우리의 브랜드를 창출하고 창조하자는 뜻으로, 좋다는 말들을 길게 나열해 본 것은 좋은 브랜드를 만들 수 없으니 욕심이라도 가져보고픈 심정이다.

이런 욕심은 버리지 않는다 해도 지탄의 대상이 아닐 것 같아 적어보았지만 이제 우리 삶의 가치도 변해간다. 금전만능의 세계에서는 모든 일들이 원리나 원칙에 있는 것이 아니고 모든 분야에는 팁(Tip)이나 서비스(Sevice)의 수단에 따라 다양해지고 팁이라는 것에 따라 좌우되는 것 같다.

돈이면 안 되는 일이 없을 정도이고 보니 그런 돈을 팁이라는 명목으로 얻기 위해서는 "Sevice는 고객이 OK할 때까지"라는 말이 생겨나니 금전만능이 정말로 맞는 말이다. 나도 돈이 좋으니 'Money'라고 영어로 써보자.

옛날 로마 '충고의 여신'의 신전에서 주조되었다는 데서 유래된 것으로 알고 있는 머니, 화폐(貨幣), 통화(通貨), 물물교환의 매개물(媒介物)로 행운을 가져다주기도 하고 재앙(災殃)을 부르기도 하지만 그것을 얻기 위해서는 자신의 양심이나 자존심은 물론 목숨까지도 저당 잡히려 한다.

이런 팁이나 돈벌이도 정정당당한 절차에 따라 이루어져야 하며 정당하게 얻는 사람도 많다. 다만 과욕으로 많은 것을 원하니 술수라는 것 때문에 낯 뜨거운 일들을 아무런 양심의 가책도 없이 자연스럽게 이루어지는 세상이다.

'Hot & Cold'하다는 말을 어떤 의미로 해석해야 좋을지!

망담피단(罔談彼短)

자기의 단점을 말하지 않는 동시에 남의 단점을 욕하지 말라. 사람은 남의 단점을 들추어 말하기를 좋아하는 사람들이 많다. 그것도 앞뒤 사실여부도 알아보지 않고 우선 악평부터 하고 본다.

내가 쓴 신호등 2권의 제목을 머리말에서 밝힌 것과 같이, 철봉 틀에 거꾸로 매달려 세상을 보니 나는 정상인데 왜들 저렇게 우스꽝스럽고 불편하게들 사는가? 바로 보면 될 것을 거꾸로 보려고 고집하는가?

이런 것이 집착이라는 욕심 때문에 일어나는 것을 알았기에 〈집착을 버리면 세상이 보인다〉라고 줄여 표현했다.

그것이 어법상 잘못이라 평하는 사람이 있다.

무엇이 얼마나 잘못된 것인가. 집착하는 마음, 과욕을 버리면 세상일들이 바르게 보인다는 말을 조금 줄여서 쓴 것일 뿐인데… 하고 반문도 하고 싶지만 쓸데없는 시간낭비일 것 같아 접어 두었다.

책 속의 내용이 집착에 대한 나의 견해가 있고 해서 그 말을 줄여서 제목으로 쓴 것뿐인데, 내용도 알아보지 않고 지적하니 해명을 해도 소용없는 일이다.

우리 주위에는 이런 말들이 많다. 한참 말이 많았던 '방패장' 하면 방사선물질이 섞인 '핵폐기물 처리장'이라는 것을 알고 있다. 그보다 더 어려운 'FTA' 하면 확실한 설명은 하지 못해도 짐작으로는 그 내용 정도는 다 알고 있는 것처럼 내용물을 확인하지도 않고 포장지의 글씨만을 트집잡으려 하니 할말이 없다.

그뿐인가. 영화제목인 '노인과 바다'를 '바다와 노인'으로 쓰는 것이 맞는다며 영국식 표기를 운운하며 유식깨나 자랑하니 할말이 더욱 없다. 내 지식으로는 원본의 진의를 떠나서 우리의 관념으로 노인이 주격이니 노인과 바다라 주장하지만 상대는 아니라고 고집한다.

그 작품을 평하고 나서 왜 자신만이 옳다고 고집하는가. 영화를 보고 느끼고 평한 글들을 읽었기에 그것을 보고 나름대로 아는 대로 표현한 것이거늘….

평론도 비판도 아닌 그저 영화에 나오는 주인공인 노인의 고달픈 삶을 보았고, 그 고달픔 속에서도 내일을 위하여 돛대를 어깨에 메고 처량히 걸어가는 뒷모습을 보니 늙어가는 내가 서글퍼지는 심기를 문학작품이 아닌 단순한 인간의 일상생활로 보았을 뿐이다.

그런데 그것을 일기에 삽입한 것을 트집잡아 작품의 원칙을 운운한다면, 작품의 저자인 헤밍웨이를 나나 그들이 어찌 평할 수가 있기에 이런 시비가 일어나는지 모르겠다.

내가 지금 무엇이 아쉬워 남을 평하겠는가. 좋은 것을 보면 좋구나, 슬픈 것을 보면 같이 외로워지는 처지이거늘, 국문법이나 영문법을 논할 필요도 없거늘, 내 성이 '김' 가이고 이름이 '홍선'이니 '김홍선'이라 불러 주길 바라는 나에게 굳이 영문법을 배웠다고 '미스터 홍선 김'이라 부르지 않았으면 한다.

'내가 옳다 해도 상대가 싫어하면 하지 말아야 한다'라고 생각하고 사는 나에게 이것 말고도 또 하나의 사건이 생겼다.

그것은 '한줄기 불어오는 시원한 바람이 스치고 지나간다'는 표현으로 일진청풍의 '일진(一陣)'과 '두 개의 글자를 가지고 망설이다'의 '퇴고(推敲)'의 글자가 틀린 것이라 지적한다.

일진이 '일진(一進)'이라 고집하는 사람과 퇴고를 '추고'라 고집하는 사람에게 느끼는 감정의 표현을 아무리 설명해본들 무엇하겠는가.

고집(固執)은 자기가 아는 것이 아주 작음을 모르는 그 '집(執)' 때문에 정말 사람을 괴롭게 한다.

집착은 고집이다. 그러나 그것을 버리면 안 보이던 것들이 보인다했다. 트집잡으면 더 안 보인다는 것을 알아야 하며, 알지 못하는 것을 부끄러워할 줄 알면 알려고 노력하는 그런 마음이 생길 때 우리 모두 진실한 대화가 오갈 수 있지 않을까?

하지만 나 혼자만의 생각일 뿐이다 .

언사안정(言辭安定), 사람은 안정하게 말을 해야 한다는 말을 하고 싶은 차에 이런 잡다한 일이 일어나니 몇 글자 적어보고 싶은 생각에 논쟁할 필요도 없는 것으로 시간을 낭비한 것 같다.

상대에게 불쾌감을 줄 수 있는 언행에는 항상 신중을 기해야 한다 하면서도 내 의지와는 전혀 관계가 없는 일들이 일어나고, 아무런 관련도 논할 필요도 없는 일들이 생겨 다툼으로 변할 수 있다.

그래서 가타부타 논하지 않고 안정(安定)의 정해진 말, 맞는 말만 하고 필요 없는 말은 하지 않으려 했으나 이런 하찮고 수다스러운 말들을 하는 것도 세상 사는 이야기이다.

하찮은 말 같지만 내가 지금 하는 말들을 할아버지나 아버지께서도 하셨다. 그런데 또 나에게 배운 손자들에게도 같은 이야기를 한다면 항상 모자라는 삶을 살아갈 것 같아 글로 써 본 것뿐이니, 시비치 말았으면 한다.

욕연칙불달(慾連則不達)

빨리 가려다 오히려 늦어진다.

지나간 날들이 너무 빨리 갔기에 앞길을 재촉할 필요도 없이 쉬엄쉬엄 가려했다. 그렇다고 마음과 뜻대로 되지 않는 것이 인생인 것 같다. 아직 할말도 많고 할일은 또 얼마나 많은가. 그러나 쉬운 것이라고는 하나도 없다.

과욕에 집착을 버리면 편할 줄 알았는데 아직도 버리지 못한 과욕이라는 무엇이 더 남아 있기에 마음이 가볍지 못하다. 항상 두 어깨를 짓누르는, 말로는 표현할 수 없는 그런 것들로 피로를 느끼게 되니, 이런 것들이 빨리 흘러가는 세월을 더디게 보내라는 조물주의 배려인가.

나만 잘하고 옳다고 생각한다고 그것이 정말 옳은 것만도 아닌 것 같다. 우리 주변에서 일어나는 일들이란 완전무결하고 질서정연하여 사리나 명리에 맞는 완벽한 그런 사회이기를 바라는 것도 욕심인 것 같다.

며칠 전에 오래된 친구를 만났다. 그는 학교 교장선생님을 하다 퇴직을 했다. 내가 책을 냈다는 것을 방송에서 보았다 하기에 1, 2권을 주니 사인을 해달라 한다. 학식도 있고 아는 것이 많은 친구이니 조심스러워 이름 석자를 써 주었더니 좋은 글귀를 하나 적어 달라고 한다. 이럴 때는 참으로 난처하다. 좋은 말은 많으나 그에게 걸맞은 말을 찾기에는 쉽지가 않아 망설이다가 거절할 수가 없어 그의 교편생활을 부각시키기 위해서 청출어람(青出於藍)이라 쓰면서 그의 눈치를 보니 못마땅한 기색이 역력하다.

그럴 줄 알았다. '선생이라고 깔보는 글귀를 쓰고 있구나'라고 오해하고 있는 것 같아 밑줄에 가로열고 '유능한 스승 밑에는 훌륭한 제자가 나온다'라고 쓰고 사인을 하니 환하게 웃으며 좋아한다.

이 땅에 내로라하는 석학(碩學)이나 문장가(文章家)들이 써놓은 글이나 논문들도 악평들을 마구 해대는 세상이니 무명의 풋내기 글쯤이야 평할 가치도 없는 것으로 단정 짓고 그런 글은 읽어볼 필요도 없다라고 하며 읽어보지도 않고 무조건 무시부터 하고 보는 세상이 서운할 것도 없다.

세상이 평탄하지 않은 것쯤은 알고 있지만 그 기복의 요철(凹凸)이 하늘인가, 땅인가 구분할 수 없으니, 인품과 학식을 많이 가지면 하늘같이 높은 줄 알았고, 천박하면 땅인 줄 알았는데 땅 밑에는 지하실도 있음을 알았다.

옥상옥(屋上屋), 간단히 설명하면 집 위에 집이다.

지붕 위에 집이나 옥탑방이라고도 할 수 있다.

사람 위에 사람이나 권력 위에 권력을 가진 것을 비유하는 말이다. 사람 위에 사람 있다, 없다로도 쓰일 수 있으니 이런 불필요하게 2중으로 사용하는 말은 함부로 사용해서는 망신살을 당할 수 있으니 함부로 해서는 안 될 것 같다.

언젠가 TV 뉴스를 보았다. 이름 있는 정치인의 말 속에 "옥상옥 대표, 삼고초려" 운운하는 말들이 엇갈리어 어물어물 하여 웃음을 자아내니 엉뚱한 방향으로 흐름을 보았다.

옥상 옥의 뜻이 이중으로 들릴 수 있음을 모르고 사용하다 보면 오히려 자신을 욕하는 말이 될 수도 있으니 무슨 말이든지 확실한 표현이 아니면 삼가야 한다. 사람은 최고에 도달해도 최고를 모르니 더 오르려는 욕심에서 옥상 위에 다시 탑을 쌓으려한다. 땅이 좁으니 자꾸 위로 오르려고 한다.

옛날이야기 한다고 또 비웃음을 당해도 할 수 없다. 과거 2층집에 살면 갑부들이 사는 고급주택일 때가 엊그제 같은데, 지금 2층집은 거목(巨木)의 빌딩의 숲 속에 하나의 떨기나무에 지나지 않는다. 이런 환경 속에서 위로만 오르는 것을 막기 위해 고도제한(高度制限), 혹은 완화하여 법으로 규제하니 좀더 높이 오르려고 그 곳에 탑도 올리고 화단이나 놀이시설을 설치한다. 이런 것도 옥상 옥이 될 수 있다.

나도 이런 것을 만들어 나만의 공간으로 사용하고 있으니 이게 불법인지 묵인인지 모르지만 우리는 좁은 공간에서 살고 있으니 나만의 공간을 그리워하고 산다. 혼자는 외롭지만 외로워도 혼자 있고 싶을 때가 있다.

나도 그런 공간을 원한다. 단독주택 그 곳에서 가족과 호젓하고 다소곳이 살고 싶으나 마음대로 되지 않는다. 아들들도 직장따라 저희들의 공간을 찾아 원하는 곳으로 가고 늙은 노부부만이 큰집을 지키려니 외롭고 허전하여 남아도는 방들을 세를 주니 다가구가 되고, 생활방식이 다른 남들과 한 지붕 밑에서 산다는 것도 쉬운 일만은 아니다.

매사 조심스럽고 성격과 삶의 방식이 다르니 자연 의견충돌도 생기게 된다. 그러니 나만의 공간이란 없다. 오늘같이 후텁지근하여 짜증스러울 때는 속옷차림으로 거닐 수 있는 마당이나 뒤뜰이 있는 어린시절의 그곳이 그립지만 지금 내게 주어진 작은 공간마저 마음대로 이용할 수 없으니 나에게 유일한 공간이 있다면 옥상(屋上)이 적지일 것 같아 그곳에 오늘 또 올랐다.

지은 지 얼마 안 된 3층집이다. 주위의 집들이 아래로 지붕만 보이고 멀리에 아파트 단지가 병풍처럼 감싸고 있다. 고요하고 한적함을 주는 곳이다.

아들들의 분가 덕택으로 매월 아내의 통장에 입금되는 적은 돈이지만 만족해 하는 아내의 미소도 볼 수 있으니 이런 것이 행복이랄까. 작은 공간에서 수준이나 기준에 맞는지도 모르고 행복인지 외로운 것인지도 모르고 산다.

아무런 생각도 불편도 외로움도 없으니 착각인지 모르지만 이것이 자유라고 여기며 옥상 옥 마루 위에 누워 하늘을 본다. 보이는 것이라고는 하늘뿐이다. 옛날 어려서 보던 파란하늘은 어디 가고 우중충한 하늘이지만 그래도 도심에서 유일하게 바라볼 수 있는 공간이 옥상 옥 위의 하늘이다.

옛날 어려서 내가 본 파란 하늘, 번뇌도 고민도 외롭다는 것도 무색무취의 하얀 마음도 어디로 가고, 우중충한 좁은 하늘뿐이니, 지난 과거는 영영 기억 속에서나 존재하는 가버린 과거로 변했단 말인가.

내 것, 나만의 것, 우리라는 것 때문에 내 청춘을 바쳤다. 하지만 나만이 나를 알아줄 뿐, 아무도 모른다. 그러나 내가 나를 알고 있으니 남들이 나를 몰라라 한들 이제는 서운할 것도 없다. 변명도 해명도, 비교나 비유도 나를 초라하게 만들뿐이다.

내가 우뚝한 삶을 살았다 한들 누가 알아줄 사람도 없다. 그러니 인생은 다 도토리 키 재기 같은 것이다.

땅이 제일 아래인줄 알고 산의 높이만큼 인간사가 다를 것 같았지만 깊이 생각하면 할수록 땅 아래는 지하실도 존재하고, 산 위에는 하늘이라는 무궁한 알 수 없는 것이 존재한다.

공상의 세계인 우주의 드넓은 무궁무진한 존재를 알려고 하는 사람들의 공상 세계를 어찌 이야기할 수 있으랴. 내 뜻이나 상상력 그런 것도 상대가 인정치 않으면 아무 소용없는 것이다.

당신들의 뜻이 옳다면 내 생각 따위는 아무 필요도 없는 것이니 실없는 사람의 넋두리로 기억조차 없을 것이라 생각되니 허전할 뿐이지만 이런 것이 세상 사는 이치이다.

'공자가 살아야 나라가 산다'라는 책도 읽었다. 이 책을 평하는 사람도 있으니 그런 사람의 평은 막말로 '공자가 죽어야 나라가 산다'라고 하는 사람도 자기는 정당한 평이라 할 것이다.

공자님의 말씀이라고 모두에게 다 옳다고 여기며 살지는 않았다. 논어도 공자가 한 말을 그 손자 자사나 그 제자들이 살을 붙이고 해석을 곁들여 그 시대에 맞게 저술해 놓은 책자이니, 시대의 흐름에 따라 변할 수도 있지 않을까 반문할 수도 있으니 말이다.

공자가 살아야 하는지 죽어야 하는지를 꼬집어보자는 것이 아니라 내가 말하려 하는 것은 '살아야 함'은 그 사상이나 가르침이 되살아나야 한다는 의미이다. '죽어야 한다'는 말은 시대에 뒤떨어진 봉건적이고 고루하며 합리적이지 못한 형식에 얽매인 것이라 생각하는 사람들이 이르는 말이 아닌가 싶다.

이렇게 우리들 주위에서는 보고 느끼는 사람에 따라 다를 수 있으니 그러한 평들도 우리가 살아가는 데 도움이 되고 양식이 될 수도 있다는 것도 알아야한다.

인생여로라는 길을 정직하게 가려고 신호등 따라 1권과 그리고 2권에서 집착하는 욕심을 버리면 남들의 잘함을 보고 그것을 존경하게 되고, 불행한 것을 보면 가슴에 아픔이 생긴다는 것을 알았다. 그리하여 무거운 짐을 내려놓고, 집착도 버리고, 가벼운 마음으로 신호등 3권에서는 세상 사는 이야기를 하고 있는 중이다.

그런데 마음의 눈이 자꾸 흐려지려 하고 눈에 보이는 대로 귀에 들리는 대로 말하고 행동하게 되며 도리(道理)보다 어법(語法)에도 맞지 않는 말들이 마구 쏟아져 나오는 대로 적고 있으니 오직 그것이 걱정이다.

이런 기분일 때는 일진청풍의 그런 시원한 바람이라도 불어주었으면 한다. 시원한 한줄기 바람이 불어왔다가 스치고 지나가는 그 시원함을 느끼고 싶을 뿐이다.

우리말은 한자의 뜻이 쓰임에 따라 해석도 달라진다. 쾌락(快樂)과 국악(國樂), 낙원(樂園)과 요산(樂山)과 같이 '樂'을 '락, 악, 낙, 요'로 쓰고 발음한다. 그리고 '惡'도 선악(善惡), 증오(憎惡), 악덕(惡德), 악명(惡名) 등과 같이 '악'이나 '오'로 발음한다. 다들 알고 있는 기본을 노파심에서 말했을 경우, "잘난 체하지 마라, 그 정도는 중학교 교과서에 나오는 문제인데 그런 것을 안다고 할 것이냐"라고 할 것 같다. 그러니 설명도 알릴 것도 없이 나만 아는 대로 쓰고 읽으면 되지, 그런 사람들의 입장을 이해하려고 할 필요도 없고, 그러면 서운함도 없을 것이다.

다만 말보다는 글로 써놓으면 그들이나 혹시 모르고 있는 사람이 읽어본 후 알게 할 길이 없을까 해서, 그것을 걱정 아닌 걱정을 하게 되어 이렇게 써 본 것뿐이다.

공자의 도리가 살든 죽든 그들의 시빗거리를 내가 간섭할 일이 아니다. 나는 나만을 고집하고 살지 않으나 남이 변한 것을 탓하지 않는다. 원형으로 돌아오길 바라지만 영원한 다른 길로 간다 해도 그 길이 발전할 수 있는 길이 된다면 다행이다.

그러나 퇴보의 길이면 가슴 아픈 일이기에 싫어도 악평도 못하고 호평 아닌 호평을 늘어놓고 보아야 하는 간사한 인간 세상이니, 이 또한 세상 사는 이야기일 것 같아 적어보았다.

연운상연(煙雲相連)

밥 짓는 연기가 구름과 더불어 있네. 농촌의 한가로운 풍경인가 산촌의 풍경인가. 농촌이나 산촌을 무엇으로 구분할 필요도 없지만 과거 우리의 농촌은 농사일로 시끌벅적했다.

그러나 한적한 동양화를 연상케 하는 산촌의 진풍경은 땅에 납작하게 내려앉은 것 같은 초가에서 저녁 짓는 연기가 하늘로 피어오르는 그런 풍경을 떠올릴 수 있는 지금의 나는 공상이나 감상에 빠진 소년 같은 칠순의 할아버지이다.

생각은 나이와 비례한다는 것을 느끼게 한다.

그러나 아직은 세상 사는 이야기를 해도 들어줄 사람도 있겠구나 하는 자신감이 생기니 이런 것이 용기라는 것 같다.

용기(勇氣)를 날쌘 기운이라 한다면 나에게 무슨 힘이 있기에 결단력이 존재하겠는가. 다만 숨을 쉬고 있으니 그 숨쉴 때 나오는 기운이 남아있기에 어려운 말들을 마구 하다보니 산촌의 초가에서 피어오르는 연기같이 아련한 날들이 떠오른다.

그래도 그때가 행복하고 즐거웠던 것 같아 미소 지을 수 있으니 이런 생각을 하는 것도 편안함이 있기 때문이라 여겨지니 그저 고마울 뿐이다.

내가 지금 이런 글을 쓰고 있는 것은 내 생각을 남에게 알리려는 것이 아니라 마음을 정리하여 편안함을 찾으려는 것 같다.

지금 이 글을 쓰고 있는 순간만큼은 글에 심취하여 잃어버린 것들이나 떠나버린 망각의 과거를 기억해 낼 수 있는 시간이니 고마울 뿐이다.

대부분의 사람들은 늘 사용하던 물건이나 기르던 애완동물이 없어지면 찾으려고 안달이지만, 욕심 때문에 마음에서 사라져버린 '올바른 마음'은 찾으려 하지 않는다.

부귀이달(富貴利達)

사람은 남이 보이지 않는 곳에서는 갖은 추태를 다 부린다. 자신은 남에게 들키지 않는다고 스스로 자위하고 살지만 그 과정을 가족이나 알고 지내는 지인들이 보고 알게 된다면, 다들 창피해 하거나 분하게 여기며 마주하기 싫어할 것이다.

즉 모자란 사람은 집에 와서는 큰소리치지만 밖에 나가서는 힘 있는 사람들의 비위를 맞추느라 머리를 조아리며 살아가는 처량한 인간이 그것을 감추려고 안간힘을 다하는 처절한 몸부림이라 할 수 있다.

오늘날 부귀한 많은 사람들도 집에서는 큰소리치며 자기가 제일 잘난 척하지만 실상은 알고 보면 밖에서는 얼굴 뜨거운 짓거리를 하고 다니는 못난 사나이들도 많다.

이런 내용은 고사성어에 나오는 일부이지만 사람은 자기 약점을 가까운 사람에게 숨기려 하다보니 허세가 발동하여 애꿎은 가족에게 큰소리를 칠 수밖에 없는 이런 불쌍한 인간을 못난 사람이라 하지만 그 못난 사람이 나일 수도 있고, 누구나 공통으로 지니고 있는 인간의 약점일 수도 있다.

잃은 나를 찾자 했건만 이마에 깊은 주름을 보니 이것은 내가 아니다.

나를 찾으려고 몸에 좋다는 보약을 먹어도 보고 헬스 운동도 게을리 하지 않지만 잃어버린 마음을 찾으려고 하지는 않는다.

올바른 마음, 그것은 교양이다. 잃어버린 얼굴만이 중요한 것이 아니다. 옳은 마음을 되찾는 것이 중요하다. 몸의 병만 한탄하고 정작 마음이 병드는 것을 모르고 산다.

몸이 아프면 병원을 찾지만 마음이 아프면 수양으로 치료할 수 있는데도 방치하고 세상을 원망하며 아무 잘못도 없는 가까운 가족을 원망하기도 한다.

남이 보이지 않는 곳에서는 부끄러운 짓을 하고도 술이라는 매개체의 힘을 빌려 억지소리를 하게 되고 자신의 약점을 숨기려고 몸부림치지만 이런 짓거리들도 다 들통이 나기 마련이니 마음부터 다스리자.

논쟁(論爭)

서로 말로 주고받고 따지는 말다툼을 말한다.

말로 사리를 밝혀 결판을 내려고들 한다. 이런 다툼을 벌이는 것이 도처에서 일어나고 있다. 과연 정당한 다툼이라는 것이 있는 것인가?

쟁점이라는 것은 이해관계가 작용하기에 그 유리한 것을 얻기 위하여 생겨나는 것이다. 싸워서라도 얻고 보자는 식으로 하다 보니 무력을 사용해서라도 얻으려 한다. 그 결심이 정당하든 부당하든 하나를 고집한다면 설득도 필요 없고 오직 그에게 유리한 조건을 보장받을 때까지 물러서지 않으려 한다.

정치나 경제, 사회의 전반적인 제도에 대한 자기에게 유리한 편견(偏見)으로 항상 시끄러움 속에서 살아가고 있다. 그러나 논쟁은 질서정연한 것이어야 한다. 투명하고 사리나 논리에 합당한 주장을 피력(披瀝)한 정확한 판단을 고집하여야 한다.

이런 논쟁도 한 경험이 있다. 아주 사소한 말로 주고받을 수 있는 문학소설의 영화를 이야기하다가 의견이 다르고 앎이 다르니 진의와는 전혀 다른 고집과 편견이 작용하였는데 급기야는 이것은 내가 학사논문을 쓴 것이니 자신한다고 한다.

그러니 큰소리 칠 만도 하다. 그의 논리가 맞는다고 접어두면 되지만 왜 학사 논문만 있는가. 같은 주제로 석사 혹은 박사 논문을 쓴 사람도 있고 그것을 평하고 그를 능가한 새로운 학설이나 창작 작품을 만들어낸 사람도 있을 것 아닌가.

논쟁이란 사람이 생김새가 서로 다르듯이 생각도 다른 것은 당연하다. 이런 쟁점을 논하기 위해서 우리는 독선이라는 나만의 생각만 고집할 수는 없다. 발전이라는 것을 이룰 수가 있으니 우리들 주위에서 일어나는 논쟁을 시끄러운 다툼으로만 보아서도 안 될 것 같다.

과거 나도 논쟁에 휩싸여 열 올리기를 좋아했다. 그러나 이제는 지쳤다. 논쟁도 싫고 조용히 살고 싶다. 그러나 사람이 살다 보면 모든 이치나 도리에 완벽하게 다 맞출 수가 없다. 만약 허점과 실수가 있어서 상대의 비위를 거슬렀다면 논쟁보다 따끔한 충고의 말 한마디 보내준다면 옳고 그름을 떠나 충분히 받아들일 수 있다. 그런데 논쟁을 하려 한다면 나는 그들과 맞설 수 없으니 다툼을 벌이려 해도 피할 뿐이며, 다만 그들의 배려를 바랄 뿐이다.

재약부경(齋弱扶傾), 약자를 구제하고 기우는 자를 도와준다는 말이다. 나는 석・박사의 논문도 써 보지 못하였고, 그러니 학자도 아니고 문학가는 더더욱 아니다.

"글을 아무나 쓰나?"라고 반문도 하는 사람도 많다. "이게 글이냐?"라는 평도 하리라. 그런 평을 하려면 뒤에서 쑤군덕거리지 말고 어떠한 평론이든 만인이 공감할 수 있는 글을 써주었으면 한다.

삶이란 많은 배움에서 얻는 것도 중요하지만 경험이나 체험에서 오는 것도 중요하다는 것을 알기에 그 안다는 것을 적는 것이 전부이다.

뚜렷한 주제는 없지만 살아오면서 보고, 듣고, 느낀 대로, 순서도 없이 적어 가는 것뿐이다.

약자를 보살피고 기우는 자를 구제하는 인심인 재약부경을 설명하려다 늙음이 서운하고, 약자가 되니 기우는 자라는 것이 '나'라는 말인가 하는 서글픈 생각뿐이다.

그러나 약하고 기운다고 모든 잘못을 덮어주기만 바라면 안 된다. 다만 구제도 받을 만한 어려운 처지에서 받음이 떳떳함을 안다.

가능성(可能性)

누구나 가능성 있는 삶을 살고 싶어 한다. 보통정도는 부족하고 좀더 나은 것을 할 수 있는 그런 능력을 원한다. 이런 것이 내가 원하는 것이고 바라는 욕심이라면 지나친 것일까.

나는 건강한 두 발이 있기에 어디라도 갈 수 있다. 그렇다고 온 세상을 두루 다닐 수는 없지만 가고 싶으면 갈 수도 있는 것이니, 가능하다는 말은 '다 못한 것을 할 수도 있다'라고 해석한다면 희망을 주기에 충분한 말이다.

순자 어록에 이런 말이 있다.

"듣지 않는 것은 듣는 것만 못하고 듣는 것은 보는 것만 못하고 보는 것은 아는 것만 못하고 아는 것은 행하는 것만 못하다."

듣지 않는 것보다 실제로 듣는 것이 낫고 듣기만 하면 답답하다. 그러니 보고 확실하게 알려고 한다. 배움이란 행하는 데까지 이르러야만 그치는 것이다.

이렇게 얻은 학문이라는 것이 실천으로 옮기는 데서 비로소 그 목적이 이루어지는 것이니, 실천함으로써 발전이라는 것이 있기 마련이다. 사람이 사는 일생을 잠자는 시간과 그리고 멍하니 무의미하게 허비한 시간을 빼면 참된 시간은 과연 얼마나 될까.

종신(終身), 자기 능력이 끝날 때까지의 삶이다. 종신토록 살아봐도 반쪽의 삶이다. 맑은 정신과 바른 생각은 즐겁고 행복하다. 보람찬 날들이 과연 얼마나 될까.

'오늘은 힘들었으니 내일 하자…'라고 속고 또 속은 날들을 한탄도 했었지만 배고픔은 면했고, 나누어주진 못해도 아쉬운 소리 하지 않았고, 늦은 밤 골목길 걸어도 해칠 사람 없으니 방문을 걸지 않아도 편히 잠들 수 있다. 이런 것으로 내 스스로를 자위하고 사는 나는 자연인이다.

그러니 마음의 자유행동이 자유로워 산이 좋아 산에 가고 물이 좋아 물을 찾고, 아무 곳에서나 쉬어도 누가 거들떠보지 않으니 서운할 것도 없으니 이것 또한 자연인이 아니겠는가?

있어야 할 곳에 있으나 없어도 서운할 이 아무도 없고, 계곡 맑은 물에 조그만 손 씻는다 해도, 만원버스 좁은 틈에 끼어 앉아 졸고 있다 한들 아무도 모르는 채 각자 제 할 일에만 분주하다.

오늘도 창문 열고 시원한 바람 쏘이며 편히 잠들 수 있는 70번째 여름을 맞는구나. 지나간 날들 운(運)은 없어도 기(技)는 조금 있으니 창문에서 불어오는 시원한 바람, 그것도 고맙기만 하다.

운칠기삼(運七技三)

싸움이나 경기에서 이기는 데도 운이 7이고, 기술이 3이라는 말을 많이들 쓰고 있다. 수주대토(守株待兎)의 고사성어와 같이 확률이 거의 없는 토끼를 잡으려는 그런 운을 기다림이나, 야구경기에서 자주 쓰이는 '잘 맞은 투수의 공이 수비수 손으로 빨려 들어가는 것'과 '빗맞은 공이 수비수를 피해 안타'가 될 수 있으니 이런 운(運)은 기(技)를 능가하는 것이다.

나는 운을 바라지 않는다. 그렇다고 기교도 부릴 줄 모른다. 주어진 대로 살아가는 것이 정도로 알고 살아온 나에게는 운이 오지도 않았다. 그리고 조금이나마 기교라는 것을 부리면 부릴수록 부작용만 생기니 정당한 삶을 살아갈 수밖에 없었다.

운은 글자의 뜻대로 움직이는 것이라 말할 수 있지만 행운을 뜻하니, 행운의 여신이 손짓한다 하는 그 막연한, 거의 불가능한 그것, 신기루를 좇는 허망된 것이지만, 우리는 그것을 기다리고 있다.

수천 분의 일이라는 그 행운을 잡으려는 사람도 많다. 그러나 그 행운이 그들을 만족하게 만들어 주지 않는다.

운이란 누려야 하는 사람에게 주어지는 신의 선물로 엄연히 존재하는 것은 틀림이 없는 것 같다. 우리 속담에 뒤로 넘어져도 코가 깨진다는 말이 있다. 얼마나 운세가 사나우면 뒤로 넘어졌는데 코가 깨질까 반문도 하리라. 그래도 머리가 깨진 것보다 낫지 않을까. 그만해도 다행이다. 이런 위안의 말도 운이라는 그것을 강조하기 위한 것인 것 같다.

우리가 아무리 열심히 살아도 운이 따르지 않으면 손해를 볼 수밖에 없는 사회에서 살고 있다. 운과 기에 대하여 간접적으로 많이 비유했지만 운이 따르지 않으면 아무리 기교를 부려도 낭패를 당하기 마련이다.

"운은 따르는 자에게 있고, 기는 노력하는 자에게 돌아온다."

이런 '운'이 '7'이면 '3'이라는 '기'란 무엇인가. 재주를 말한다. 방술(方術)이나 점술(占術), 그리고 공인(工人), 장인(匠人)을 뜻하는 교(巧)하고 묘(妙)한 기술을 가지고도 운이 없으면 열을 해도 셋밖에 이룰 수 없으니, 운이란 참으로 인생의 운명을 좌지우지라는 신의 점지인지, 아니면 타고난 팔자인지는 모르겠다. 아무리 열심히 배운 대로 기술과 기능, 그리고 기교를 부려봐도 운 있는 자들에게는 조족지혈(鳥足之血)과 같이 보잘것없는 것이었다.

지금까지의 내 모든 소유는 열심히 배우고 성실하게 노력한 대가라고 설명해도 이 또한 우이독경이지만, 운이라는 것을 바라지 않는 나이이기에 아는 대로 배운 대로 갈고 닦은 기술로 살아 왔다.

그 '3'이라는 '기'의 덕택으로 '7'이 없어도 모자람이 없이 산 것 같으니, '나에게도 운이 있었다면 100의 인생을 살 수도 있었는데…'라고 할 수도 있지만, 내 것이 아닌 운은 욕심이기에 내 힘으로 이룩한 그 나마의 '기'가 있었기에 지금의 나로 살뿐이다.

오늘도 무료해서 '고'라는 놀이를 했다. 기를 발휘하려 해도 상대가 3이상이니, 아무리 기교를 부려도 도무지 운이라는 그것이 오지를 않는다. 달래도 보고, 약을 올려도 보고, 그리고 화를 내어 호통을 쳐봐도 묵묵부답 돌아서서 나를 외면하니, 돌아선 '운'을 원망한들 내 자신만 초라하니 가려면 가거라 할뿐이다.

뒤도 돌아보지 않는 '운'이라는 너를 원망도 하지 않고 내 '기(技)'로 살뿐이다.

그래도 아쉬운 그것이 '운삼기칠(運三技七)'로 변할 수 없을까 생각도 해보지만 기 '3'이 더 값진 내 것이라는 것을 알았기에 '운'보다 '기'를 닦으려 노력하며 살자.

운과 기를 이루는 정신세계의 마음이라는 것이 우리의 영혼을 지배하는 것이 아닌가 생각한다.

정신세계(精神世界)

'신(神)'을 섬김은 그 지시(指示)에 따라야 한다. 불가사의한 것을 섬김은 그 지시함을 따를 뿐 '과(過)' 즉, 초월해서도 '오(誤)' 즉, 도리에 어긋나서도 안 된다는 것이 내가 아는 종교관이다.

신을 아는 대로 설명해 보자. 귀신, 신령(정신과 마음), 불가사의 한 것, 덕이 높은 사람, 영묘하다의 뜻도 가지고 있다. 만물을 주제하는 '정신(精神)'인 것이다.

옛날에는 자연의 변화나 천체의 변화는 비바람 등의 이변(異變)이 일어남을 신의 조화로 여겨 이런 자연적인 변화를 정신의 세계(世界)에서 영계(靈界)에 이르는 종교적인 것에 이르기까지 신이 존재한다는 믿음만 있다면 가부를 따질 필요도 없지만, 아닐 수도 있다는 반문을 가지게 되면 그 수수께끼는 풀리지 않는다.

마음의 신이라는 말이 있다. 나의 운명의 신은 내 마음에서 벌써 정해진 기존의 사실이기에 마음의 뜻이 정해졌으면 그 길을 가야하는 것, 우왕좌왕 하다보면 점점 알 수 없는 미궁으로 가려고 한다. 내 마음 하나 다스리지 못하고 멀리 있는 신만을 붙잡으려고 하니 멀리에만 있는 것 같을 것이다.

신을 섬기기에 앞서 마음부터 바르게 하자. 마음이 중요하다고 외치는 무신론자의 괴변이다. 이런 괴변도 나 혼자만의 것이기에 남들이 알고 있는 진실한 신이 있으면 그 또한 알려고 노력하고 귀 기울이며 산다.

오늘은 오랜만에 친구들과 공기 좋고 경치 좋은 야외에서 운치를 곁들인 강가에서 점심식사를 같이하며 평생 처음으로 신에 대한 논쟁을 벌였다.

이제는 점점 늙어가니 무엇인가 잡고 싶은 심정에서 자연의 오묘함과 다시 시작하려는 여름의 녹음 짙은 산, 파란하늘의 구름, 맑고 잔잔한 대청호에 그대로 잠겨 일렁거리는 또 하나의 자연을 굽어보고 있노라니, 지금의 초라해진 심정이 물 속에 잠긴 덧없는 인생인 것 같았다.

'우리가 살면 얼마나 살겠는가. 이런 한가로운 나들이도 몇 번이나 더할 수 있겠는가'하는 마음이 들었다.

신은 가버렸다고, 지금까지 믿고 있는 종교적인 신을 생각하며 그렇게 평할 수밖에 없는 것이 지금의 심정이라는 것을 서슴없이 이야기하였다.

내가 경험해보니 알 것도 같고 허망한 것도 같은 서로의 입장을 깊이 알든 모르든, 마구 지껄여도 누구도 시비를 걸 그런 사이도 아니니, 편하게 할말 다해도 되는 친구들이다.

그러다보니 점심 반주로 마신 술기운을 빌려 점심(點心)의 의미같이 마음의 점을 치며 지난날을 동경도 원망도 하지 않는다. 다만 아쉬워하고 있을 뿐, 과도 오도 없이 보낸 날들과 같이 과오 없이 앞날을 가면 될 것 같다.

중국 속담에 "천하를 얻고 황제(皇帝)가 되면 신선(神仙)이 되려 한다"라는 말이 있다. 말로는 신의 뜻에 따르면 복을 받는다 하지만 마음속으로는 도둑질 할 것 없나 그것을 궁리한다는 말도 있다.

종교에서 말하는 신앙(信仰), 인간을 초월한 존재는 고대 원시종교의 정령신앙에서 현대 고등종교에 이르기까지 신의 의미나 개념도 달라진다. 두렵고 무서운 존재에서 성스러운 것, 거룩한 실체로 인간의 생명과 정신적 수양의 충만한 세계를 원한다.

우리 종교사에서 말하는 '다신론', '일신론', '유일신론' 하는 삼위일체의 '신론(神論)'이 있다는 것은 책을 통해 이 정도는 알고 있으나 너무 어렵고 이해가 가지 않으니 친구들의 이야기에 말참견도 할 수 없어 참기로 했다.

다양한 신앙의 유형이라 할까. 다신론이란 신들의 수효가 단수가 아니고 복수라는 것, 이는 구체적으로 통일성이 결여된 원리나 가치를 실제 경험한 일신론이나 유일신론이 되었다 하는 정도로, 그리스도의 성부, 성자, 성령의 '삼위일체론'과 대승불교의 법신불(法身佛), 보신불(普身佛), 화신불(化身佛)의 '삼신불'이 그 예라 하는 정도의 삶으로는 끼어들 틈이 없다.

희망의 하느님, 거룩함, 공의로움, 사랑, 전지전능, 무소부재(無所不在), 영광과 영성, 절대 자유, 창조성 등 하느님은 누구에게나 가까이 있다고 한 바울로의 표현까지 서슴없이 토론하는 자리였다.

그러나 무소불이 듣고만 있는 나는 할 말이라고는 우리 신화에는 민족의 근원인 종교관(宗敎觀)에 대한 신관, 가치관하는 '단군신화', 한민족의 발생을 설명한 육당 최남선 선생의 불함문화론(不咸文化論)의 사랑, 큼, 밝음, 하나임, 바름, 오램, 온전함, 으뜸, 중심 등과 원융화통(圓融會通)하는 한울님이라는 개념의 한울님 신앙인 고산, 광명, 태양, 하늘숭배, 자연신의 숭배가 하늘과 땅의 융화, 하느님과 인간의 융합이 혼융일체를 통한 대동의 세계를 이룬 것이 우리의 역사라는 것을 겨우 이야기하는 것이 전부이다.

교는 교리를 믿는 것이지 신의 실체를 믿는 것은 아니라고 생각한다.

우리는 지혜롭고 교활하기도 한 불가사의한 정신의 혼을 가진 귀신(鬼神)이 존재한다고 믿었기에 조상신을 모셔놓고 제사(祭祀)를 지내고 있다.

신출귀몰(神出鬼沒)

귀신같다는 말이나 불가능한 일을 했을 때 신만이 할 수 있는 일이라 한다. 이런 '귀(鬼)자'를 넣어 쓰이는 한자들을 보면 마음이나 생각, 몸이나 형체가 보이지는 않으나 혼백(魂魄)이라는 것이 있긴 있는 것 같다고 믿어왔다. 이런 것을 넋이라 한다.

"넋이라도 있고 없고, 임 향한 일편단심(一片丹心)…."

있긴 있으나 기분 좋은 것이라면, TV 광고에 나오는 '소리는 소린데 기분 좋은 소리'라는 선전문구 같은 추(醜)하지도 않고 괴(愧)하지 않는 즉, 마음이 부끄러워할 줄 모르는, 넋이 살아있는 혼백의 신이라면 마음의 신이 정신을 참신한 정으로 이끌 수 있다.

하지만 우리 주위에는 귀라는 것도 추태(醜態)나 추물(醜物) 같이 신이 아닌 꼴사나운 신(神)이 있는가 하면 이를 이용하려는 괴뢰(傀儡) 꼭두각시놀음도 하고, 수괴(羞愧)에게 부끄럽게 먹을 것을 바치기도 하지만 괴(塊)와 같이 흙구덩이 속에서도 금덩이를 찾아낼 수도 있으니 혼백이 살아있는 지혜로운 신을 찾아보자.

뜻이 있는 곳엔 길이 있기 마련이니 내가 믿을 수 있는 신도 있기 마련이다.

주안점(主眼点)

주인의 자격으로 사물을 본다면 보이는 물체가 주관적 또는 객관적으로 각기 다른 게 보일 수도 있다. 사물의 요점이란 point 즉, 뾰족한 끝을 말한다.

지식은 냉철하다 했다. 앎이 있어야 토론도 할 수 있다.

주고받는 대화 속에 오가는 말에는 내가 알고 있는 것에다 유식한 척 기교라는 것을 곁들이려다 보면 무지가 탈로나기 마련이다. 남의 말함이 정당함에도 꼬투리를 잡지 못해 안달인 세상, 조금만 실수를 해도 곤욕을 치르기 일쑤이다.

요즘 방송 프로에 돌발영상이라는 프로가 인기다. 돌발(突發)은 갑자기 일어나는 행위, 무의식 속에서 일어나는 행위로 그것이 진정한 그의 모습이다. 꾸며지지 않은 포장되지 않은 그것이 내 것이지만 애써 포장하여 잘 보이려고 한다면 돌발, 특출하게 보이려다 오히려 우스운 꼴사나운 모습이 된 인사들을 보고 종종 웃기도 했다.

다듬어진 말이나 행동함을 탓할 일이 아니지만 아닌 것을 억지로 잘 보이려고 꾸미려 한다면 요즘 말하는 코미디같이 추한 몰골이나 저질스러운 말투같이 억지로 웃을 수밖에 없는 실소보다도 못한 한심스러운 웃음이 일어날 것이다.

요사이 외래어의 등장으로 우리말을 앞지르기 경쟁을 하니 나도 질세라 포인트 같은 낱말들도 영어로 써보지만 쓰임새가 다양하고 뜻 또한 사물의 요점인지, 뾰족한 끝인지, 앉을 자리인지 하는 점이 궁금하기도 하다.

'더블 Point' 하니 2배로 준다는 말인 것 같아 호기심을 유발케 하는 말들에 정신이 어지럽지만 이런 것이 살아가는 재미인 것이다.

찌르는 듯한 날카로운 지혜를 가지지 못한 인간의 지혜로는 사물을 보는 주안점으로는 신을 섬김도 그 지시를 따르기 쉬운 일이 아니다. 믿음도 가지가지, 해석도 가지가지일 수밖에 없으니 좋은 것 같으면 고개를 끄덕일 뿐이다.

남과 북이 끊어진 철길을 연결하더니 동과 서에서 동시에 오고가고 있는 진풍경을 보았다. '철마는 달리고 싶다'고 했는데 56년 만에 처음 가보는 길이 낯설어서인지 힘찬 고동도 없이 맥없이 가는가 했더니, 다시 돌아오고 돌아갔다.

언제쯤 힘닿는 대로 맘 놓고 달리고 달려오려는가. 우리는 최고를 자랑하고 꿈꾸어 왔으니 부국강령 모든 면에서 둘은 싫다, 하나가 체질에 맞는 민족이기에, 우리 애국가의 화려강산(華麗

江山)을 마르고 닳도록 보존한다면 불변의 기상(氣象)을 보전하는 것쯤은 일편단심(一片丹心)의 무궁화 삼천리 보전은 따 놓은 당상이다.

남과 북이 하나 될 때까지, 세계 일등이 될 때까지, 얼마 남지 않았으니 철마부터 길들여 재도전하여 많은 문물을 나르는 철마가 달리는 그 길을 가고 싶다.

밀약(密約)이 아닌 예약을 할 수 있었으면 한다.

소탐대실(小貪大失)

'작은 것을 탐내다 큰 것을 잃는다'라고 해석한다면 이런 것도 욕심에서 오는 것 같다.

흔히들 바둑을 즐겨 두는 사람들이 자주 쓰는 말로 알지만 바둑에는 인생이 있고 진리가 있다는 말을 많이들 한다. 그런 인생의 진리가 담긴 바둑을 나는 외면하고 살았으니 인생을 바둑에 비할 아는 것이 없으니 평할 능력도 없다.

그러나 어려서 조금 배우고 어깨 너머로 조금은 알고 있으니 아는 대로 인생과 같은 바둑놀이 속으로 들어가 보자.

인생의 축소판, 가로 세로 19×19로 질서 정연하게 잘 구획된 블록과 같은 작은 것도 큰 것도 없이 동일한 집들이 가지런하게 모여 있는 집합체에서 흑과 백의 군사들이 그 집을 차지하려고 치열하게 전쟁(戰爭)을 치르는 곳이다.

흑백을 조정하는 두뇌의 대결, 361개의 고정된 집을 많이 차지하면 승자가 된다. 그 한 집만이라도 더 얻으면 이기는 간단한 게임이지만 하나라도 더 얻으려고 탐하다보니 많은 집들을 잃게 되고, 한 집만 더 차지하면 되는 것을 모두 잃어 패하고 마는 것이다. 패자와 승자의 차이, 많이 얻음과 적게 얻음의 이런 차이도 백지 한 장의 차이로 승패라는 단순한 이김과 짐의 아주 작은 차이가 안타까워 재도전(挑戰)하다 보면 시간 가는 줄을 모른다.

우리 속담에 '신선놀음에 도끼자루 썩는 줄 모른다'라는 말은 이럴 때 쓰라고 생겨난 말인 것 같다. 하나만 더 얻으면 되는 것을 더 많은 것을 차지하려는 욕심, 그것 때문에 많은 사람들이 법이라는 테두리를 벗어나려다 곤욕을 치른다.

소탐대실이 바둑뿐이 아니고 인생사 도처에서 일어나고 있다. 특히 주식에서 유망우량주식이다 수혜주식이다 하여 기회를 포착하여 큰 수익을 올렸다 하면 그리로 몰리게 되어 막차를 잘못 탔다고 때늦은 후회도 하며, 과욕으로 기회를 잡으려다 원금마저 날리는 일도 허다하다.

'대를 위해 소를 버리자'는 다들 알고 있는 말이다. 그러나 '들돈 잡으려다 집에서 기르는 돼지마저 잃는다'는 말과 같이 더 얻으려다 가진 큰 것마저 잃게 된다는 교훈이다.

바둑놀이에는 명언도 많고 만인만수(萬人滿數)라는 표현도 어색할 정도로 무궁무진의 수가 있기 때문이다.

호구(虎口), 범의 입이다. 호구 자리니 호랑이가 입을 벌리고 있으니 위태로운 상황이다. 세 방향이 적군에 싸여 있으니 탈출구는 한쪽뿐이다. 탈출해 봤자 축으로 몰리니 독 안에 든 쥐 꼴이다. 붙이면 젖혀라, 젖히면 뻗어라. 두 점 머리는 두들기고 세 점 머리는 두들기면 안 된다.

'밭 전'자, '날 일'자는 기본이다. 잡고 싶으면 반대쪽을 끊어라. 큰 곳보다 급한 곳이 우선할 수밖에 없는 것이 바둑이나 인생인 것 같다.

'사귀생에 통어복(通魚腹) 필승(必勝)' 즉, 네 귀를 모두 차지하고 중앙을 관통하면 반드시 이긴다는 뜻이다. '적이 강한 곳에서는 싸우지 말자' 하는 원칙도 급한 곳에서 손을 빼기가 어려울 것이다. 이걸 살리려니 저것이 위태로워지니, 소를 탐해서가 아니라 말려들 수밖에 없을 때가 있기도 하다.

바둑도 자꾸 두면 늘지만 두지 않으면 줄어들기 마련이다. 하지만 많이 둔다고 다 달인이 되지 않는 것이다. 바둑의 달인을 기성(棋聖)이라 한다. 늘지 않으면 줄 수밖에 없는 바둑을 두지 않은 지 오래이니 나는 더 이상 줄 것도 없다.

'남의 밥그릇이 더 커 보인다'는 말이 있다. 그런데 바둑에서는 '남의 집이 더 커 보이면 진다'는 말이 있다. 이런 것이 적은 것을 탐하게 되는 동기가 되는 것 같다. 적의 급소를 아무리 찾아봐도 보이지 않는다.

적이 좋아하는 포인트도 내 키포인트가 되는 것이기에 아생연후 타살(我生聯後 他殺)이라는 말대로 내가 먼저 살아야 모든 것을 이룰 수 있는 것이니, 인생의 축소판이라 해도 과한 것이 아닌 것 같다.

바둑을 두지 않으면서 바둑의 용어를 응용하려니 어불성설 도리에 맞지 않으나 그 많고 많은 바둑용어를 인생 살아가는 방식과 방법이 다르듯 묘수라는 것도 처한 환경과 상황에 따라 다르다. 바둑이나 인생사도 정도라는 정답이 있을 수 없듯이 변화무쌍하다. 유일하게 죽은 것이 살아날 수도 있는 기적이 생기는 곳이 바로 바둑이다.

면종복배(面從腹背), 겉으로는 복종하는 척하면서 속으로는 배반한다는 말이다. 소탐대실 하다가 바둑 인생도 운운하며 이런 말 저런 이야기를 마구 하니, 어울리지 않고 당치도 않는 뚱딴지같은 소리라 할 것이다. 하지만 우리 인생사가 정해진 괘도가 없듯이 필요에 따라 유리하게 이끌어가는 바둑이 축으로 몰리다가도 손을 빼고 과감히 적의 심장부의 허점을 포착했기에 그곳을 공약한다.

적의 포인트이다. 그곳이 내게도 키포인트이기 때문에 그곳으로 집중되기 마련이다. 포석 한 점의 던져진 돌로 대마를 구할 수 있는 찬스를 포착한 것으로 역전의 드라마가 펼쳐질 수 있는 것이 바둑이며 인생일 수도 있다.

구밀복검(口蜜腹劍), 입에 꿀을 담고 뱃속에 칼을 지녔다.

말로는 친한 척하지만 속은 은근히 해칠 생각을 품고 있는 것을 비유한 말이다. 이런 일은 있으면 안 되는 것이지만 승부의 세계는 냉정하기에 속임수가 아닌 두뇌의 싸움은 어쩔 수 없는 본능일 뿐이니 받아들임이 마땅한 이치이다.

이 이야기는 당나라 이림보라는 재상을 두고 한 말로 그는 뇌물로 환관과 후궁들의 환심을 사는 한편, 현종에게 아첨 재상이 되었다. 양귀비에게 빠져 정사를 멀리 하는 현종을 부추기며 조정을 좌지우지하였고, 바른말을 하는 충신이나 자기 권위에 도전하는 위협적인 신하가 나타나면 가차 없이 제거했다.

그런데 그가 정적을 제거할 때는 먼저 상대방을 추켜 올린 다음 돌아서서 뒤통수를 치는 수법을 써서 없애니 벼슬아치들은 모두 이림보를 두려워했다. 그를 구밀복검이라고 하고 소중유검(笑中有劍) 즉, 그 웃음 속에는 칼이 감추어져 있다고 말했다.

이런 그의 면전에서는 '굽실거리고 뒤돌아서면 히죽거린다'라고 할까. 이렇게 갈피를 잡을 수 없는 사람들이 많으면 세상이 어지러워진다. 그러니 그런 사람이 내 주위에는 없는지? 있다해도 아무런 힘이 없으니 지켜보고, 다가오면 시끄럽고 귀찮을 뿐이니 피할 수밖에 없다. 조용히 살고 싶지만 조용할 수 없는 것이 인생사인 것 같다.

이제는 소탐도 대실도 흥미가 없다. 탐낼 것이라고는 아프지 않게 살았으면 하는 것뿐이다. 다 잊고 살자 했으나 잊을 수 없는 것은 배울 것, 알지 못한 것들이 너무 많이 남아있다.

그러나 덧없이 지나간 젊음, 완숙했다는 오육십의 지천명(知天命)이나 이순(耳順)의 나이도 다 지나가고 고래희(古來希)가 되고 말았다.

어이아이(於異阿異)

'어' 다르고 '아' 다르다. 어제가 옛날이라는 말이 있다. 날로 변해가는 나날들을 바라보고 살려고 하나 그래도 못 배운 것, 배울 것, 알고픈 것들이 너무 많다.

어릴 적에 처음 본 라디오가 신기하기만 하여 만지작거리다 결국은 뜯어볼 수밖에 없었고, 결국 망쳐버리고 만 과거가 있듯이 예나 지금이나 궁금한 것들이 너무도 많이 남아있다.

말이나 행동도 표현하기에 따라 차이가 나는 것같이 사람에 따라 차이가 있지만 늙어갈수록 아쉬움이 남게 되는 것 같다.

마부작침(磨斧作針), 바늘을 만들려고 도끼를 갈고 있다. 마부위침(磨斧爲針)이라는 말과 같이 바쁜 세상에 할 일도 없는지 중국의 풍은 이렇게 방대(尨大)하고 허망한 것 같지만 이런 것들이 대국의 역사를 오천년 이상 지니고 온 그들의 자존심일 것 같다. '어느 세월에…' 하며 기다릴 줄 모르는 우리들은 이런 풍도 배울 것은 배워야 할 애교라 여겨진다.

당나라 시인 이백의 이야기이다.

그는 어려서 상의산에 머물면서 수학(修學)했다. 공부에 싫증이 난 그는 스승의 허락도 없이 산을 내려오는데, 계곡 흐르는 물가에서 바윗돌에다 도끼를 갈고 있는 노파에게 물었다.

"할머니, 지금 뭘 하고 계세요."

"바늘을 만들려고 도끼를 갈고 있다."

"그렇게 큰 도끼를 간다고 바늘이 될까요?"

"그럼, 되고말고. 중도에 그만두지 않는다면…."

이백은 꾸준한 노력이라는 것을 깨우쳐 준 그 노파의 말에 감명 받아 다시 산속으로 들어가 학문에 힘쓴 결과 훌륭한 시인도 될 수 있었다는 이야기이다.

나는 지금 이런 고사성어를 설명하는 것이 아니라 그런 말들을 만들게 된 동기가 어리석고 게으른 자를 깨우치기 위한 것으로, 중국의 풍의 역사에도 배울 것이 있음을 강조하고 싶은 심정에서 아는 대로 적고 있는 것뿐이다.

"산천(山川)은 의구(依舊)하고 인걸(人傑)은 간 곳 없다"고 한 길재의 시구같이 내 젊음의 태평연월(太平烟月)이 지나버린 허무한 꿈속같이 가버리고, 못다 배운 명문장(名文章)과 새로 생겨나는 신조어(新造語)들을 어찌 다 보고 배울 것인가 하고 아쉬울 따름이다.

세설신어(世說新語), 세상에는 박학다재(博學多才)한 사람들도 많고 배울 것도 많다. 배운다는 것은 관심(觀心)을 갖는다는 것이다. 알려고 하는 의지에서 나오는 마음의 집념이다.

고승(高僧) 달마가 산중에서 9년을 벽(壁)을 대하고 앉아 수도하여 마침내 벽을 뚫고 벽 속으로 들어갔다. 정성을 다하면 금석(金石)도 뚫을 수 있다는 훈(訓)이다.

산유천석(山溜穿石), 산에서 흐르는 물이 바윗돌을 뚫는다. 우물을 파도 한 우물을 판다. 무쇠공이도 갈고 갈면 바늘이 된다. 이런 집념만 있다면 못 이룰 것이 없지만 노력하지 않고 얻으려고 한다면 그것은 지나친 욕심이다.

평이담백(平易淡白)은 깨끗하여 욕심이 없는 마음이다.

명경지수(明鏡止水)는 밝고 맑은 거울 같은 고요한 물이라는 뜻과 같이 맑고 고요한 심경(心境)을 이르는 말이다. 맑고 깨끗한 마음씨는 담겨 있는 물과 같이 운심월성(雲心月性) 즉, 구름 같은 마음에 달과 같은 성품을 말한다.

이런 말들이 앞 다투어 마구 생각이 떠오르니 다 잊혀진 과거인줄만 알았던 지난날의 추억들이 잊혀지지 않는다.

적은 것을 탐하다 큰 것으로 변한 것 같다.

애강두(哀江頭)는 두보(杜甫)의 시(詩)인데 슬픈 이야기 좀

해보자. 당나라 현종의 애사다.

양귀비(楊貴妃)에게 넋을 빼앗겨 곡강(曲江)에서 자연을 희롱하다 나라를 망치고 자신을 망친 경국지색(傾國之色) 양귀비의 화용월태(花容月態)－꽃 같은 용모와 달빛 같은 자태, 명모호치(明眸皓齒)－맑은 눈동자에 흰 이, 설부화용(雪膚花容)－눈같이 흰 피부와 꽃 같은 용모, 수화폐월(羞花閉月)－꽃도 부끄러워하고 달도 숨을 만큼 아름다운 미인….

그것을 슬퍼하며 지은 시(詩)인가? 아무리 좋다는 표현을 다 동원해도 나라를 망친 그의 말로(末路)는 행복할 수만은 없는, 소를 탐하다 큰 것을 잃은 삶인 것 같다.

곡강(曲江)은 그 유명한 장구령(張九齡)이 출생한 곳이다.

그래서 곡강공이라고도 부른다. 현종의 탄생을 축하하는 백관들이 앞을 다투어 진귀(珍貴)한 물품을 바치지만 그는 춘추금감록(春秋金監錄)을 바쳤다. 이는 옛 흥폐(興廢)의 도(道)를 말한다. 그의 문학은 당세(當世)에 최고였다.

그의 저서(著書) 송강집(曲江集)이 있다. 이런 곡강의 이야기를 많이 듣기도 하고, 책을 읽었기에 현종이 양귀비를 총애하여 안록산(安祿山)의 난(亂)의 원인을 만든 현종의 이야기도 할 수 있으니 들은 이야기도 학문 배움의 연장이 아닌가 한다.

참과 왜의 갈등

'참'은 내가 좋아하는 글자이다. 이 세상에 참만이 존재한다면 참 좋겠다. '참이슬' 같은 그런 참도 있지만 그런 참도 좋아한다. 그런데 '참'에 끼어들기 하는 '왜'라는 것이 있으니 갈등이 생긴다. '왜?' 하고 토를 달면 끝이 없다.

'왜' 하면 물음에 답을 대신도 하지만 '또'라는 거부반응(拒否反應)이 포함된 복잡한 의미를 가진다. 그러나 우리는 '참'이나 '왜' 그리고 '또'의 쓰임을 다 알고 있으니 알아서 하면 된다.

우리 인생사가 다 '도토리 키 재기 인생'이다. 이는 그게 그것이라는 표현이니, '그게 그것'이 엇비슷한 세상, 엇비슷하게 살아간다.

성질(性質)은 꾸미지 않은 본연 그대로의 본질이다.

다들 이런 양질의 본성을 가지고 있다. 그런 본질이기에 태어날 때는 참으로 맑고 투명한 아침이슬인 참이슬이, 따가운 세파의 비바람에 오염되기도 하고 따가운 햇볕에 마르고 얼룩져 변해가고 있다.

그런 것을 자극하면 성질을 돋운다고 한다. 그러니 상대를 자극하는 말이나 행동은 자제하여야 하나 오히려 싫어하는 그것을 일부러 자극하여 그를 궁지로 몰려는 수작을 부려 자기의 이익을 꾀하거나 상대를 곤욕스럽게 만들려는 악 취미를 가진 자들이 늘고 있다.

이런 세상 속에서 살려면 자연이 스트레스성 신경과민반응이 일어난다. 그러나 많은 세월의 흐름 속에 인고(忍苦)라는 괴로움을 견뎌내는 과정에서 참음이라는 그것을 알았기에 아무리 돋우려고 해도 소용이 없는 사람도 있다.

이런 사람은 참는 사람이며 좋은 사람이지만 참을 수 없는 일인데도 모르는 척 외면하고 자기 일만 하는 사람이 있다. 이런 사람을 차가운 사람, 그리고 무서운 사람이라 한다.

나는 참을성이 모자라는 사람이다. 그러니 항상 손해를 보고 산 것 같다. 이제는 참는 것을 알았다.

참으면 손해를 보는 것 같아 말참견을 하다보면 다툼이 끊이지 않는다.

거룩하게 '참는 자에게 복이 있나니' 하는 말씀을 빌리지 않아도 참으니 다들 편하다는 것을 경험했으면 그것이 해답이 될 수 있다. 인간도 세월도 역사라는 것도 돌고 돌아 지나가면 새로운 것이 오고간다. 집념도 집착도 참이라는 테두리를 벗어나면 근

본(根本)이 흔들리게 되니 '왜'라고 꼬투리를 잡으면 한도 끝도 없을 것 같다.

비우고 버릴 것은 과감히 버려라. 그러나 버려서는 안 될 것이 있으니 그것은 양심(良心) 곧, 아름다운 마음씨이다.

양심은 정의 내리기 어려우나 양심 좇다 보면 항상 모자라는 것 같지만 넘침보다 미달은 조금 불편할 뿐이다.

미달(未達)과 도달(到達)은 목표하는 곳에 이르지 못함이나 정한 곳에 다다름을 말한다면 정한 곳으로 가기 위해서는 그만한 대가를 지불해야한다. 우리는 평등(平等)의 자유를 법적으로 보장 받고 살지만 평등할 수 없는 요건 속에서 우수나 미달이라는 사이에서 기준미달, 수준미달이라는 것들로 뒤섞인 속에서 나는 미달인 것도 모르고 남들이 미달한 줄로 착각하고 살고 있다. 미달이 무엇인지도 모르니 미달된 삶을 살면서도 우수하다 자만하고 사니 '제 잘난 멋에 산다'하는 말이 설득력을 얻는다.

기준이나 수준이 미달인 것을 알고 스스로 노력하여 채우려하나 많은 인고(忍苦)의 참을 수 없는 고통이 따르다보니 외면하고 지름길을 찾아 헤매니 도달은 점점 멀어만 진다.

예산(豫算), 먼저 예산을 세워야 미달도 설명할 것 같다.

현재 입법정치제도 하에서 예산은 의회(議會)의 의결을 거쳐야 된다. 그 예산이 공정치 못하여 한군데로 치우친다면 제정정책에 문제가 생기게 마련이다. 이런 것을 담당하는 기획예산처의 공정한 예산안과 의결기관의 공정한 의결이 있어야한다. 그런 안을 어림잡아 혹은 편견에 치우쳐 의결한다면 남음과 모자람이 생기게 된다.

예산의 뜻이 '미리 헤아려 어림잡음'이다. 이 어림잡음 때문에 정확한 계획을 수립할 수 없으니, 어림도 과학적인 근거에 입각하여 신중을 기한다면 어느 정도 평등을 기할 수 있지만 크고 작은 문제가 발생한다. 국가나 지자체, 기업단체에서 세입지출 계획은 투명해야한다.

지방자치제(地自制), 참 좋은 제도이다. 내 고장을 잘 꾸며 구민을 잘살게 하자는데 누가 반대하겠는가. 구민을 위한 정책을 펴니 구민에게는 그보다 더 좋은 사람이 없을 것이다. 그렇다고 전국구 온 국민과 국가적으로 정말 좋은 정치인일까? 하는 의문도 든다.

구민을 위한 구민이 뽑은 구민의 대표이니 구민이 우선이다. 그러니 책잡을 일은 아니다. 그러니 구를 위해 예산을 얻으려고 술수를 써서 확보한 예산 때문에 다른 곳은 모자라고 일부는 차고 넘치게 되는 것이 자명하거늘 이런 현상도 불균형으로 미달을 더욱 가중시키고 있다.

기준미달(基準未達), 기준(基準)은 설명 안 해도 안다. 그러나 이런 기준(基准)도 쓰이는 곳이 있다. 측량할 때 표준이 되는 표준점으로 쓰이니 같은 음의 글자도 쓰임이 다르니 이것이 한자를 병기하는 이유일 수도 있다.

잘못된 제품이나 시공된 공사는 보수도 하고 다시 만들고 고쳐야 당연하다. 미달된 것은 채워야 한다. 그러나 부족한 것을 채우려니 처음보다 힘이 든다. 고치지 않고 쓸 수 있는 것을 고치니 제 구실을 못하고, 이런 손실을 물적 · 시간적 피해라 한다.

요사이 유행하는 말로 "그렇게 잘 하면 너나 잘 하시오"라고 나도 써보자. 예산(豫算)이 없는데 무엇으로 하란 말인가. 모든 일을 예산 타령으로 인력(人役)부족을 탓한다. 물론 적은 예산을 가지고 큰 것을 이룰 수 없다.

그런데 예산이 넘치는 곳이 있는지 멀쩡한 길을 파헤치고 보도블록을 깔고 가드레일(경계석)을 설치한다. 설치한 지 얼마 되지 않은 그 아까운 것을 인력과 장비, 그리고 저 새것들을 버리면 산업폐기물로 변하니 쓰레기 몸살에 예산부족이 아닌 예산 낭비인 것 같다. 이런 생각도 "너나 잘 하시오" 한다면 내가 잘못 생각하는 것이 무엇이란 말인가.

나도 콘크리트 경계석보다 화강암으로 된 보도나 깨끗한 가드레일이 좋은 것도 알지만 시공상 문제나 기준미달도 아닌 멀쩡한 그 아까운 것, 그냥 두어도 미관상이나 생활하기에 아무런 불편도 없는데 예산부족을 탓하면서 예산을 낭비한단 말인가.

새로 설치한 그곳에는 어김없이 상 · 하수도 혹은 전기 · 전화배선공사로 또 파헤쳐질 것이 당연하고, 아까운 저것들이 같은 수난을 겪고 있는데 또 다른 불편이 있더라도 감수하고 살 수밖에 없을 것 같다.

왜 이런 낭비가 되풀이 되는가. 수해로 끊어진 다리, 유실된 농경지, 거기에다 요즘 날씨가 점점 더워지니 식중독을 일으키는 노루바이러스, 포도상구균, 비브리오균 등이 기승을 부리니 집단식중독사고가 발생하고 있다. 이도 예산부족으로 인원과 장비가 모자라 미리 예방 못했다 한다.

농수산물의 수입품 검역을 철저히 하지 못하여 뒤늦게 탄로가 나면 그 또한 예산부족에서 오는 것이 주요 원인이다. 유해농약이 검출되고 수산물에서 우리 인체에 치명적인 납덩어리가 무더기로 나오더니, 수입 쇠고기에 뼈 조각쯤이야 무슨 대수이겠는가.

이런 예산 타령도 예산 불균형에서 오는 것이 아닐까 하는 막연한 생각을 하는 것인가.

"정치도 경제도 모르면 가만히 계세요. 그러면 중간은 간다" 한다. 그래서 중간정도의 인생을 살았다. 이제는 중간도 아닌 이하에서 헤매며 말할 기력조차 없으니 이하의 인생을 미달로 살 뿐이다.

수준미달(水準未達)

수준미달인 내가 수준을 설명하려 하니 수준이 맞는 글자인지 헷갈린다.

사물의 가치기준 따위의 일정한 표준이나 정도(程度)를 말한다. 'Water Level'의 물은 수평을 유지할 때가 가장 평온하고 잔잔하다. 그러나 자연적·물리적 현상으로 아주 작은 동요에도 반응을 한다. 이런 일렁이려는 것을 파동(波動)이라고 하고 풍파(風波)가 일어난다고 표현한다.

중간의 조금만 기울임에도 아래로 쏠리니 수평(水平)을 이탈하여 아래로 내려가 조금 모자라는 현상을 미달로 해석한다면 조금 모자라는 것이나 한참 모자라는 것도 모자람인 수준 이하라 할 수 있다.

이런 모자람으로 변한 내가 지금 모자라는 정책을 탓하니 수준 이상의 사람들은 눈살을 찌푸릴 일이나, 나와 같은 모자란 사람은 동감 혹은 환영도 하리라는 자신감으로 이 글을 쓴다.

지금 이 시각에도 여야(與野)가 다투고 주류(主流)에 비자(非字)를 붙이는 무리가 서로 주인이 되려고 다툰다. 다툼이 이것뿐인 줄 알았는데 또 있다. 경검(警檢)이 권위라는 것을 가지고 의견(意見)이 엇갈리니 삼권분리의 원칙이 무색타 못해 사방에서 분리(分離)되어, 분리(分利) 즉, 이롭지 못한 일들이 일어나고 있는 것으로 보이니, 이런 것도 수준 미달인 내 안목인지 의심이 간다.

'잡으려고 한다'의 그 잡으려는 것이 무엇인가?

도둑인가, 흉악범인가, 극에 달한 경제사범들인가.

그러면 좋으련만 그것은 뒷전인 것 같고 내 눈에는 주도권, 즉 권위나 권력을 잡으려하니 도처에서 밥그릇 싸움으로 보일 뿐이다. 이런 다툼의 틈바구니에서 신고 된 형사법도 인원 부족으로 늦장 출동하여 미궁에 빠트리고, 탈로(脫路)가 나서 크게 번지면 재수사한다고 소란스럽다.

그 소란의 소용돌이도 얼마 가지 못하고 다시 더 큰 소란이 일어나니 흐지부지 관련된 자 일부만 희생되는 것으로 마무리 지어진다.

사후약방문(死後藥方文), 병이 발병하면 그에 맞는 약을 병이 다 나을 때까지 치료하여 완치해야 한다. 그런데 극약처방으로 우선 급한 대로 응급처방에 그치니 병이 크게 번져 결국은 일을 그르치고 만다. 당하고 난 후에는 무슨 변명도 소용이 없는 것이다.

"손이 모자라, 예산이 없어" 하면서 속수무책 넘어가는 그런 시대는 지난 지 아주 오래 되었다는 것쯤은 수준 이하인 나도 아는데 수준 이상의 우리 국민들은 너무 잘 알고 있을 것 같다.

나는 수준 이하로 살아도 걱정할 일이 없으니, 오늘도 고마운 산행을 즐길 수 있는 지금 이대로가 아닌 발전해 가는 세상이라 생각하니 고맙다.

해발(海拔)은 해수면을 기준으로 계산하여 잰 육지나 산의 높이를 말한다. 해수면은 평행을 이루는 최하의 자리로 원점이기에 바다 위의 위치에 있는 모든 육지의 높이를 해발로 부르고, 그 높이의 차이를 등고선이라 부른다.

다들 아는 이야기를 한다.

"늙은이가 과거를 이야기해 주지 않으면 젊은이는 언행에 올바른 기준을 잃어버리게 된다"는 말이 있다.

도달(到達)

도달은 추상적인 것이다. 어떤 정도(程度)에 이르는 말이다. 도달 사이에 득(得)이나 불(不)을 삽입하면 뜻이 엇갈린다. "서역에 도달하지도 않았는데 부처를 만나다"라는 말이 있다. 이런 정한 곳에 도달하기 전에 달할 수 있다면 그것은 행운이라고 한다.

함량(含量)이나 자격(資格)에 빈틈이 생기면 도달하기가 어렵다. 이런 것도 수준이나 기준에 맞도록 노력하자.

번장제도(蕃將制度)의 번장은 오랑캐 장수를 뜻한다. 한민족이 아닌 이민족의 장수를 등용이나 선발하는 제도라 설명하면 될 것 같다. 이 말을 주말연속극 대조영을 보다가 '흑치(黑齒)장군 번장제도' 하는 대화 속에 나오는 말이다.

나당 연합군에게 백제가 패하고 중국 동쪽에서 활동하던 흑치(검은 이빨)의 뛰어난 백제장수가 500명의 군사를 이끌고 몰살

위기의 당나라 군사를 구출, 전투를 승리로 이끈 그에게 당나라 고종은 금 500량과 비단 500필을 주어 장수로 봉해진 인물이다.

번장(蕃將)제도는 오랑캐장수 중 뛰어난 장수를 선발, 승리하면 포상하고 등용하는 제도이다.

흑치장군도 망국의 한을 품고 당의 장수가 된 것이다. 이런 제도가 오늘날 우리 주위에서도 일어나고 있다. 금융기관이나 보험사 등에서 다수의 외국인이 포진, 활약하고 있는 지금의 제도도 번장제도인 것 같다.

인재를 등용하매 마땅히 차례대로 임무를 맡아야 한다. 맥(脈)이나 연(緣)만을 고집하지 않고 폭넓게 인재를 등용한다는 뜻이다. 후계자니 실세 주류니 하는 기득권을 인정하지 않는 능력위주의 정책, 이런 것이 민주주의이며 자본주의로, 회사나 국가에 이익이 된다면 인재를 폭넓게 등용하는 것이 당연하다는 제도다.

기득권을 가졌다 하여 스스로 실세라 자칭하는 세력과 기득권은 없지만 조금 능력을 인정받았다고 우쭐대는 자칭 군자들 간에 암투가 예나 지금이나 변한 것이 없는 것 같다.

능력 있는 외부인사를 영입하고 유능한 부하를 등용하면 자기 능력이 모자라는 것은 모르고 거세게 항의하고 해결되지 않으면 분당·분열하기 일쑤이다. 새로운 세력이 판을 치게 되니 이런 징후가 여기저기 도처에서 일어나는 것 같아 심히 걱정이다. 징후(徵候)하니 생각나는 징후무리가 떠오른다.

증후군(症候群)

몇 가지 증세가 함께 인정되나 그 원인이 분명하지 않거나 단일(單一)하지 않을 때 병명(病名)에 따라 붙이는 명칭을 '신드롬'이라고 한다.

병으로 인한 증후군 외에 외적 요인으로 인한 증후군으로는 피로증후군이라 하여 어깨가 결린다, 목이 뻐근하다, 허리가 쑤신다, 눈이, 목이, 잠이, 기분이, 우울하고 아프다 등 현대인의 신종 병이다. 몸과 마음에서 일어나는 이런 것들은 정신적인 이유나 증거도 없는, 부정(不正)한 그릇된 믿음이나 의심(疑心)하는 마음으로 오는 증후군이다. 얼굴은 웃고 있으나 마음은 절망감을 느끼고 있는 숨겨진 마음이다.

이런 것들을 적용하지 못하고 도망치고 싶고 진실이지만 왜곡(歪曲)하고 싶은 마음, 좋은 기억은 잊고 나쁜 기억만 떠올려 억지로 아름다움과 슬픔을 구별 짓지 못하는 착각, 만족하지만 만족을 모르고 부족하면서도 자만하고픈 착각의 병적인 허망한 꿈을 버리지 못하는 안쓰러운 사람도 이런 증후군에 시달리는 사람이다.

나도 인생을 살면서 이런 증후군으로 시달려도 보았고 많은 사람들의 경우도 목격했기에 전문지식을 갖추지 못한 주제지만 확실한 근거는 말할 수 없으나 전부 틀린 것이 아니기에 글로 쓰고 있는 것이다. 나는 이런 스트레스를 풀려고 아주 많은 술을 취할 때까지 마셨다. 그러나 그것도 잠시 뿐임을 알았다. 취하면 용기가 생기고 겁도 없어지며, 좋고 그른 생각도 망각 속을 헤매니 잠시 혼란스러울 뿐이고, 깨고 나면 더욱 우울하다는 것을 알았다.

그러니 해답도 알았다. 나만을 고집하지 말자. 반드시 상대의 입장에서 나를 생각해 보자. 아무리 가까운 사이라도 본인만큼 자기를 생각해 주는 사람은 부모 외는 없다. 그러니 상대가 누구든 그에게 동정을 기대하지 말자.

그리고 그를 이해하자라고 생각하니 우선 자신이 편해지고 상대도 자연 편하다는 것을 알았다. 이런 것도 빼놓을 수 없는 세상사는 이야기다.

새집 증후군도 있다. 새 차나 새 가구를 구입하여 사용하다 보면 휘발성 유해화합물로 코나 목 그리고 기관지의 점막을 자극하여 호흡기질환(呼吸器疾患)인 기침, 두통, 천식 등을 일으키고, 아토피성 피부염은 피부를 자극하여 가려움증, 반점, 두드러기도 생긴다.

심하면 현기증, 피로감, 집중력 저하가 일어나는 새집 증후군이나 새 차, 새 가구에서 나오는 포름알데히드의 유해물질을 함유한 자재(資材)의 사용을 규제하여 줄일 수 있으나 의학적, 병리학적, 정신적인 문제는 스스로 극복하면 줄일 수 있는 것이라 본다.

우리는 이러한 각종 후유증에 시달리고 있으면서도 스스로 고치려 하지 않고 병원을 찾으니 나을 리가 없다. 자각이라는 말을 너무 많이 사용한 것 같다. 그렇지만 의학적으로도 뚜렷한 이유도 없고 근원을 알 수 없는 이상 증후군이 일어나면 '혹시?' 하며 자신에게 물어보는 습관을 가지면 자각이라는 깨우침이 일어날 것이다.

이런 것을 자가요법이라 할 수는 없어도 스스로 이해하여 결과가 좋은 것을 자각하게 된다면 신기한 자아발견이라는 것을 느낄 것이다. 우리가 흔히 쓰는 말 중에 병변(病變)이라는 말은 심한 병으로 심신이 피로한 상태나 지나친 스트레스로 곤욕을 치렀다면, 조그만 아픔이나 시달림에도 그것과는 전혀 상관도 없이 과거의 병이나 받았던 스트레스와 연관지으려고 하니, 이런 것이 일종의 증후군이 될 수 있는 것으로 본다.

"자라 보고 놀란 가슴 솥뚜껑 보고도 놀란다"라는 말처럼 좋지 못한 기억을 버리지 못하고 고집하여 몰두하면 병 아닌 병으로 고질화되고 만다.

이런 고질적인 병폐는 스스로 자멸하게 되고 남에게도 피치 못할 상처를 주는 상황들을 많이 보고 살았다. 이런 증후군이 가정에서 일어나면 가족을 힘들게 하는 것으로 그치지 않고 사회적인 문제로 이어지기도 한다. 혹시 가족에게 이런 증후군이 있다면 원인을 찾아 고쳐 주지 못하면 큰 불행을 당하게 되니 그때 가서 후회하지 말고 사랑과 이해로 서로 감싸주어야 한다.

이제 고희가 됐다고 '종심소욕 불유구(從心所慾 不踰矩)'의 뜻과 같이 아무 말이나 해도 법도에 어긋나지 않는다고 함부로 지껄임이 아니다.

내가 경험했고 느끼고 실천하고 보고 알았기에 하는 말이니 의학적인 근거나 심리학적으로 설명하지 못해도 경험이라는 것, 그것도 무시할 수 없는 사실이라면 진리이기에 글로 써보았다.

처음부터 이런 것들을 글로 쓰려고 하지 않았다. 다만 내가 알고 있는 좋은 말들을 품위 있게 다듬어 후대에 전하리라는 뜻으로 시작한 글이 넋두리로 변하고, 그리고 방황하다가 이제는 지나온 세상 사는 이야기로 변했다.

그러니 내가 아는 사실 대로만 말하고 싶을 뿐이니 논리나 사리에 맞지 않아도 내 진심은 사실임을 내가 알기에 아무런 부끄러움도 없이 그저 자유로운 마음으로 세상 사는 이야기를 할 뿐이다.

대운하(大運河)

중국 북부 저장성의 항저우와 베이징(北京)을 잇는 수로(水路)를 말한다. 총 길이가 1,700km인 이 운하는 세계에서 가장 긴 인공수로로 생필품을 나르기 위하여 만들어졌다. 중국에는 운하가 많다. 그런 운하를 우리도 만든다고 한다.

이런 거대한 구상은 누가 했고, 누가 반대하든 논쟁할 성질이 아닌 것 같다. 너무 방대하고 구상 자체가 계획자의 상세한 설명 없이는 어떻다라고 이야기할 형편이 아니다.

우리는 너무 성급하고 야단스럽게 논쟁하기를 좋아하는 것 같다. 이런 논쟁들을 너무 많이 보며 살았다. 실효성도 없고 검증되지 않은 일들을 가지고 왈가왈부하고 성급하게 결정하다보니 졸작으로 변하고 시공도중 취소하라! 중단하라! 하는 진통을 겪다가 시간과 국고를 축낸 공사나 정책을 너무도 많이 보고 살았다.

그 대표적인 예가 군산 간척방조제 공사이다. 막대한 예산과 국가적 위신과 신위가 걸려있는 사업을 의욕만 가지고 일부 관계자들의 소수 의견만으로 밀어붙이기식 졸속정책으로 집행하여 혈세를 낭비하는 것을 너무 많이 보고 살았기에 새로울 것은 없다.

하지만 더 이상 검증되지도 않고 실효성 없는 사업이나 정책이라면 이제는 국민이 먼저 알고 있으니 국익에 도움이 되지 않는 안들을 가지고 아무리 논쟁을 벌여도, 이제 우리 국민들은 그곳에 귀를 기울이지 않는다. 그러니 국력을 낭비시키지 말았으면 한다.

실효성이 있든 없든 국민들보다 도롱뇽 같은 말도 못하는 미물에게 고발당하는 정치는 다시는 하지 않을 것으로 믿는다. 그러니 요란스러워야할 이번 일도 구상한 측이나 반대하는 측도 확실한 계획과 반박도 힘이 없어 보인다.

한강과 낙동강을 무슨 방법으로 연결하는가. 남한강 상류 충주와 낙동강 상류 문경의 물줄기를 조령의 험준한 산맥을 관통하려면 터널공사를 25km정도 굴착하여야 한다고 한다. 차도나 철길을 만들려고 해도 막대한 제정이 소요되는 거대 공사이다. 그곳을 운하 물길을 만들어 대형 바지선에 콘테이너를 실어 나른다.

한강과 낙동강으로 구분하여 물을 흐르게 하려면 기술적인 문제인 갑문식 수로를 만드는 경제적인 문제, 그리고 대형 선박에 짐을 싣고 운행하려면 터널의 높이와 구비구비 흐르는 강의 굴곡과 높낮이 등 문제점이 너무도 많다.

"경부 운하는 한국의 미래를 살린다."

하지만 기술적 · 경제적 문제를 떠나서 환경단체의 반박을 어떻게 잠재울 것인가. 아직은 병들지 않은 한반도를 왜 막대한 자금을 들여서 강과 산야를 강제적으로 대수술을 하여야 하나. 지금 수술하지 않으면 시기를 잃을 수 있다는 논리가 과연 옳은 말인가. 조금 모자라도 수술하지 않고 사는 것이 낫지 않을까.

요즘 잘 보이려고 성형수술이 유행을 하고 있으니 잘 가꾸어 예쁘게 보여 시집 잘 가보려는 처녀의 심정인가, 못생긴 딸 가진 부모의 욕심인가.

부모의 욕심에 어린 딸의 얼굴에 칼은 대려는 과욕이면 딸이 불쌍하고, 못난 딸의 보챔이라면 부모의 어이없는 심정은 아프다 못해 참담하리라.

운하(運河)

강의 폭을 넓히고 강심(江深)이나 수심(水深)을 깊게 하고 바닷물을 끌어들이기도 하여 뱃길을 만든다. 내륙에 선박의 항행(航行)의 관개수용을 위해 인공적으로 만들어진 수로(水路)를 말한다. 자연의 섭리를 거역하는 대역사의 기발(奇拔)한 발상으로 우리들의 삶의 질이나 환경적·경제적인 것을 따지기 이전에 실효성(實效性)이 없는 논쟁은 중단하여야 한다.

이런 논쟁은 개인의 이해관계를 떠나 국가적으로나 사회적으로 실익이 없는 논쟁으로 민심만 어지럽히는 것이라 여기지만 하도 시끄럽게들 하니, 나도 아는 대로 한 마디쯤 한다고 말꼬리를 잡을 사람도 없을 것 같아 서운하지만 아는 대로 내 생각을 적어보고 잠시 공상인지 망상인지 모르는 세계로 들어가 보자.

대운하는 구조적으로 수에즈운하와 같이 수평운하(水平運河)와 파나마운하처럼 유문운하(有門運河)로 종류도 다양하다.

하측운하(河側運河), 또는 병행운하(竝行運河)라고도 하는,

하천에 걸려있는 폭포나 급류 등의 바깥쪽에 운하를 개착해서 상류에서 하류로 방류하게 하는 것이며, 연하운하(連河運河)는 강과 강을 잇는 운하이다.

이밖에 연해통항로(連海通港路)인 내륙해로운하(內陸海路運河)나 도시운하(都市運河)들도 쓰임이나 방식에 따라 이름 붙여지기도 하는 인공으로 축조된 거대한 공사를 지금은 핵을 사용하면 경제적이나 검증되지 않은 이론일 뿐이다.

이런 거대 공사가 역사적으로 볼 때 고대 이집트 바빌론에서 처음으로 만들었고 그 후 중국 대운하인 것으로 추측할 뿐이지만 그런 역사적 배경보다 우리 인간은 삶에 편리하고 국익에 도움이 된다면 아무리 어려운 공사도 할 수밖에 없다.

내륙의 집협부(集陜部)를 절단하여 대양을 연결한 수에즈운하나 파나마운하 등이 대표적이다.

이렇듯 하천의 장애물인 곡류(曲流), 수심(水深), 유속(流速) 등을 조절하고 바로잡는 수문(水門)도 설치하여 강 길을 연장하는 공사이다.

금강, 낙동강, 그리고 또 다른 금강에서도 만들 수 있다. 그러나 대자(大字)를 붙일 수 있을 만큼 공사비와 실효성이 큰 운하가 될지 그것이 문제이다.

지중해의 포트사이트와 수에즈를 관통한 160km의 수평운하나 파나마운하는 대서양 연안의 콜론과 태평양 연안 파나마를 연결한 82km 유문운하(有門運河)들과 같이 수천 톤의 배들이 오가는 그런 규모의 운하를 과연 만들 수 있을까.

좁은 환경, 밀집된 주거공간에 얽히고설키어 늘어선 공장이나 산업시설들, 기복(起伏)이 심한 산하(山河), 그것도 인천에서 서울 정도의 몇km의 도시운하나 낙동강 하구에서 구포나 양산 정도는 가능하다. 하지만 서해바다 인천에서 조령산을 관통하여 낙동강을 따라 남해에 도달하는 대역사(大役事)란 실효 가능한 것인지 아닌지, 망상인지 아닌지 종잡을 수 없으니, 가담항설로 흘려보낼 수만도 없는 노릇이다.

가담항설(街談巷說)

거리에 떠도는 이야기이다. 거리에 떠도는 소문이나 풍문(風聞)을 말하는 도청도설(道聽塗說)은 길거리에서 듣고 말하는 뜬소문이다. 항설(巷說)은 자세히 풀이해서 보통 하는 이야기로 항간(巷間)에서 하고 쓰는 말, 여항(閭巷)의 준말로 눈으로 보지 않고 추측으로만 생각하는 대로 떠들어대면 사실과 다른 엉뚱한 말로 변해 오해와 모함으로 변할 수 있으니 항설의 검증되지 않은 말을 삼가하자.

가담항설(街談巷說), 이 말은 소설의 어원을 설명하는 과정에서 나온 말로 옛날의 소설은 근거도 없이 민가에 떠도는 민요나 이야깃거리를 채집, 기록, 정리하여 임금에게 보고하는 직책을 맡아보는 패관(稗官)이란 하급관리가 작성한 보고서로, 지금의 소설과 같이 문학적 가치가 있는 것이 아닌 거리에 떠도는 보잘것없는 자질구레한 이야깃거리인 것 같다.

"좋은 말은 마음에 간직하여 자기 것으로 하지 않으면 덕을 쌓을 수 없다"고 했다. 길거리에서 들은 좋은 말을 도청(道廳)하여 마음에 새겨 자기 것으로 만들지 않고 다른 사람에게 다 말해버리는 도설(塗說)은 스스로 덕을 버리는 것이다.

구이지학(口耳之學), 학문은 귀로 들어가 곧바로 입으로 흘러나온다. 마음속에 새겨두려고 하지 않는다는 말이고, 구이사촌(口耳四寸), 이는 귀와 입사이가 불과 4치로 짧은 거리에 지나지 않을 뿐이며, 사람의 몸은 7척이니 어찌 몸을 훌륭히 닦을 수 있겠는가. 이렇듯 옛사람들은 자기 몸을 수양하기 위해서는 많은 노력을 했지만 지금 사람들은 조금 안다고 자랑하고 뽐을 내려고 한다.

과거 패관의 벼슬아치가 임금이 나라를 잘 다스리기 위해 민가의 풍습을 수집한 풍문과 풍설을 다듬고 살을 붙여 일종의 문학형태를 갖춘 것이 소설이다.

이런 소설이 '백운소설', '파한집', '역옹패설' 등이라는 것은 알지만 읽을 기회가 없어 아쉬울 뿐이니 항(巷)의 뜻대로 마을 안에 있는 구불구불한 길이나, 궁 안의 모퉁이나 통로의 뜻이 말해주듯이 모두 복잡하다.

"내 사전에 불가능은 없다"라고 한 나폴레옹도 알프스를 넘어 모스크바를 정복하려 원정하였으나 실패하고 말았다. 세계적인 영웅인 그의 가담항설(街談巷說)을 아는 대로 적어보자.

행운의 네잎 클로버는 너무 잘 안다. 행운을 좇다가 행복을 놓친다. 노병에게 훈장을 남발한 그의 변명은, 죽을 때까지 그것을 소중히 간직한 노병이 말해 주고 있다. 작은 사나이로 큰 꿈을 이룬 영웅, 환경이 나를 만든 것이 아니라 내가 환경을 만든 것이다.

보초가 피곤하여 총을 세워놓고 졸고 있는 것을 보고 그 총을 메고 대신 보초를 서 준 그는 그 부하로 하여금 평생 그에게 충성을 하게 하였다. 부하를 사랑하는 마음, 매일 올라오는 승전보, 그리고 불리한 보고….

그는 말했다. "승리했다는 보고는 하지 않아도 좋다. 불리한 보고만 하라. 그러니 불리한 보고만 쌓이니, 졌다? 졌다면 나더러 어떻게 하라는 말이냐. 나 홀로 어떻게 하란 말인가. 그러니 각자 맡은 곳의 장교들이 그 상황에서 어떻게 대처했는지 그 타개책이 무엇인지 정확히 판단하여 보고하도록 하라."

그런 그도 모스크바 원정을 포기하고 퇴각하다 추위와 굶주림으로 많은 병사들이 죽었고, 결국 나라도 망하고 자신도 비참한 최후를 맞이했다.

어제의 공상이 오늘의 현실로 가까이 다가오고 있는 사회에서 우리는 살고 있지만 가능한 일이라 하더라도 얻고 잃음이 존재하는 현실에서 득실을 먼저 생각할 일이 아닌가. 서해바다에서 배를 타고 한강을 거슬러 올라가 서울, 그리고 여주, 충주, 조령의 대 터널을 지나 낙동강을 따라 상주, 안동, 대구를 거처 남해에 이른다.

내가 지금 '반지의 대왕' 영화를 보는 착각에 싸여 있는 것일까. 이런 공상으로 과거에 나도 밤잠을 설치고 만 날들이 많았다.

또 이런 기발한 공상에 사로잡힌 적도 있었다. 그것은 온통 세상을 떠들썩하게 한 사건들, 그것은 금강산 땜과 땅굴이다.

댐의 수공(水攻)을 막으려고 평화의 댐을 만들었다. 그때 나에게 기발한 공상의 방비책이 떠오른 것이 그 물을 돌려 땅굴로 유도할 수 있다면 스스로 판 무덤에 빠져 자멸의 고배를 마실 수 밖에 없는 막연한 생각에 혼자 웃은 적이 있다.

땅굴의 구조를 알기에 가능한 공상이라 여겼다. 땅굴을 파 내려오려면 상향 굴을 파야한다. 자연으로 생기는 많은 물을 배수하려면 반드시 상향 굴착을 해야 하므로 그곳으로 많은 양의 물을 투입하면 감당할 수 없는 크나큰 힘으로 밀고 나갈 수 있다는 원리만 알았기에 그런 공상도 해봤다.

중국의 운하를 보고 서해바다를 서울까지 연장한다면… 하는 공상을 해본 적도 있었다. 아주 오래된 그런 공상을 다시 떠오르게 한 대운하 논쟁의 진의는 내가 알 수 없어서 평도 실효가능성도 규모를 모르니 아무런 할 말이 없다.

다만 불가능이란 가능하다고 인정하는 사람에게는 아무 소용도 없고 논쟁을 해봤자 결과를 얻기란 쉬운 일이 아니다.

나도 과거에는 금강산 댐의 물이 산을 넘고 들을 지나 땅굴까지 어떻게 도달시켜야 할지, 아무런 대안도 없는 그저 공상으로 끝이 났다. 그러나 명백한 대안과 근거, 그리고 예산의 조달, 반대 의견을 설득할 해법을 가졌다면, 논쟁이 아닌 설명으로 해결할 수 있는 공상이 아닌 실효성, 그보다 경제적·환경적 부를 누릴 수 있는 기발한 아이디어라면 찬사를 주어야한다.

그러나 근거도 실효성도 없는 일을 가지고 자금조달, 환경파괴 등 되돌릴 수 없는 일방적인 검증되지 않은 일들을 내세운다면 비난과 수모도 당할 수 있는 일이다.

운하가 제일 많은 나라가 중국이다. 중국 여행 중 실크로드라 불리는 소주(蘇州) 땅에 갔을 때 그곳에서 운하를 봤다. 북경까지 이르는 큰 운하라 한다.

소주 땅 양자강 평원에 자리 잡은 동양의 베니스라는 별명을 가질 만한 비단을 생산하고 물의 도시로 어미자향(魚米之鄕), 원림지도(園林之都)라 하여 물과 바다가 가깝고 정원이 있는 도시이다.

상유천당(上有天堂) 하유소항(下有蘇杭), 하늘에는 천당이 있고 땅에는 소주와 항주가 있다는 곳이다. 그곳은 지형과 환경 여건이 우리와는 전혀 다른 풍부한 수자원과 광활하고 평탄한 토지, 아주 오래 전에 만들어진 군주주의에서 집권세력인 공상가의 밀어붙이기식으로 만들어진 독재주의자들의 소산물로 그것보다 더 큰 운하도 만들었다.

지금은 장비나 기술로는 불가능이 거의 없는 가능하다는 이론으로도 넘어야할 산이 너무 많다.

우리들은 어제의 공상이 오늘의 현실로 다가오는 역사 속에서 살고 있다. 동요에 나오던 저 달 속의 계수나무로 생각했던 그곳에 암스트롱이 갔다 왔다. 그러나 그곳의 허망한 빈 공간에는 계수나무가 없으니 토끼 또한 살지 않는다.

그러니 몇 덩이 돌만 가지고 왔다. 과학자들이 그 돌을 연구해도 아직 확실한 것이 없는지 달나라 여행은 언제쯤 이루어질지 아무도 모르지만 이루어진다 해도 적막강산 그곳에 가서 지구를 한 번 바라보고 '아!' 감탄한들 우리의 인생의 삶에 어떤 희열(喜悅)을 느끼게 할지…. 만약 희열을 느낀다면 그 값어치는 얼마나 될까 하는 의문이 든다.

이런 대운하 논쟁이 일어나려 하니 시끄럽겠구나 했는데, 오늘은 송탄에 신도시를 건설한다는 정부 발표가 있었다. 몇 달 전부터 술렁이기 시작하더니 늦장 발표로 지가(地價)는 벌써 올라 있는 상태니 새로울 것도 없다고들 한다.

제2의 강남을 송탄에 신설하여 집중되는 인구도 분산시키고 집값도 안정시키는 것이 목적이라고 한다. 그러나 강남을 고집하는 많은 인파가 그곳으로 가길 원할까. 그러니 그곳도 어김없는 투자자들의 놀이터가 되지 않을까 걱정이 앞선다.

우리 국토를 잠시 생각해 보자. 서울에서 경부선을 따라 부산에 이르는 우리 국토의 척추격인 대동맥, 그곳에 너무 지나친 무거운 짐이 실려 있다. 우리는 힘이 들면 허리가 휜다는 표현을 자주 쓰고 있다. 척추 중에서 허리를 중요시한다. 그런데 허리보다 목 디스크가 너무 심한 중병을 앓고 있다.

우리의 총인구 4천7백만 중 1/3이 머리를 짓누른다. 그러니 고개를 들 수 없다. 그런데 송탄에 신도시가 생기면 머지않은 장래에 우리인구 2/3가 목덜미와 어깨를 짓누를 것 같으니 숨인들 제대로 쉴 수 있겠는가.

지금 우리 국도인 허리가 대전쯤이라면 신행정수도 주위가 비대해지고 점점 위로 오를수록 인구의 집중이 심각해질 것 같으니 머리, 목, 어깨를 마구 짓누를 것이다. 그러니 살기 좋은 환경을 만들겠다는 정치인의 공약이 많은 아파트를 짓거나 부동산 값을 내리는 것만이 능사가 아니다.

경제를 살린다고 공약하고도 부는 있는 곳으로만 편중되고, 일거리 창출이라는 구호도 외쳐봤지만 놀고먹는 인구만 늘어나고, 근무조건을 개선한다 했지만 주 5일제로 편안한 사람은 편하지만 고달픈 사람은 점점 고달파진다.

우리가 바라는 좋은 환경은, 살기 좋은 고장은, 서울 경기인가? 한곳으로 편중되니 가분수(過分數)라 한다. 동서남북 낙후된 곳은 알쏭달쏭한 세상이다.

얼마 전 친구의 아들 혼례식장에 갔다. 아주 유명한 호텔 예식장이다. 뒤에 안 일이지만 한 끼의 식대가 5만 원이라 한다. 그런데 내가 낸 축의금이 고작 3만 원이다. 한 끼의 식대도 안 되는 부조금을 내고 과분한 대접에 마음이 불편하다.

대접도 격에 맞아야 하는데 과분한 대접은 오히려 불편하다. 과욕을 해서라도 두둑한 봉투를 준비할 것을…. 하는 후해도 해보지만 그렇게 했어도 후회는 마찬가지일 것 같다.

이런 불편의 편중된 세상을 그러려니 하고 살면 되지만 마음에 부담이라는 것에서 벗어날 수 없으니 이런 것도 세상사는 이야기라고 글로 쓰고 있으나 마음이 편치 않으니 할 이야기인지 아닌지 망설여진다.

다 놓고, 다 버리고, 할 말 하면 마음이 편한 줄 알았으나 이런 불편한 일도 있으니 이 또한 세상사는 이야기인 것 같아 사실을 쓴 것뿐이다.

인지정야(人之精也)

사람의 마음을 말한다. 인지상정(人之常情)이라 하는 것이 더 나을 것 같다. 깨끗이 목욕을 하고 난 사람은 옷에 먼지를 털어 옷을 입고 머리를 감은 사람은 모자에 티가 묻지 않았나 다듬은 후에 쓴다.

그리고 마음이 깨끗한 사람은 속세에 의탁하고 어지러운 것을 피하려 한다. 이것이 바로 인지상정이라는 것이다.

바른 마음을 가지자. 마음을 정리하여 평온함을 가지려 하나 주위에 보이는 일들이 어수선하니 다스림이 흔들리려고 한다. 그 흔들림을 잘 다스리는 것은 수양이다.

성실한 마음을 가지고 있으면 아무것도 두려워할 것이 없고 부끄러워할 것도 없다. 느긋한 여유를 가지고 세상을 산다면 그것이 진정한 양심의 삶이라 생각한다.

인정어린 양심은 여러 사람의 마음도 한사람과 같다. 이 뜻은 인정에는 각기 다를 수가 없다는 것을 말한다. 정치하는 사람은 여러 사람 즉, 국민의 마음을 살필 줄 알아야 한다는 말이다. 국민의 마음은 자신의 마음에 물어보면 알 수 있는 것이다.

자기가 추우면 남도 춥거나 추울 수도 있다. 나의 슬픔보다 남의 슬픔이 더 클 수도 있다. 내게도 슬프고 괴로운 과거가 있었듯이 남을 생각하면 그들이 바로 보일 것이다.

이런 마음과 눈을 가지고도 차기 대권이 자기들의 것인 양 갈리고 갈라져서 그 수가 늘어났다가 하나가 우뚝하면 그곳으로 몰려 줄서기 하는 꼴을 많이 보아왔다.

이번만은 그런 꼴사나운 것을 보지 않았으면 한다. 정치뿐 아니라 모든 분야에서 남의 아픔을 헤아릴 줄 아는 사람이 많은 사회가 된다면 경제를 살리려고 일자리를 창출한다는 어려운 말들을 사용하지 않아도 살아나고 생겨날 것이다.

국민을 외면하는 정치인은 나라를 다스릴 수 없다. 가족을 외면하는 가장은 가장의 자격이 없다. 그런 정치인이나 가장은 동질이라 하고 싶다.

국가 기강이 흔들리고 가풍이 무너지면 국민이나 자녀들이 불행해지거나 방자하여 탕아로 변하길 원치 않는다면 먼저 가정을 보살피고 나라를 다스리면 그것이 훌륭한 가장, 유능한 지도자라 할 것이다.

이런 원리는 2천년도 더 된 진리이며 나도 배워서 아는 것이다. 그런데 나라를 다스리려는 야망을 가진 많은 배움과 경륜(徑輪)을 자랑하는 사람들이 모를 리가 없다. 그러나 욕심으로 다툼을 하다보면 아는 것도 잃게 된다. 다툼은 아주 사소한 일로 일어나는 것 같다.

동질(同質)과 이질(異質)이라는 말이 있다. 동질의 사람들끼리는 마찰이 일어나지 않으며 마찰이 일어나도 곧 화해할 수 있다. 그러나 이질의 성격이 다른 사람들끼리는 사소한 일이라도 이해관계를 떠나 오래 사귈 수 없어서 다툼이 일어나면 절대 가까워질 수 없다.

자기만 알고 부만을 목적으로 하는 사람은 창피한 것도 모른다. 친구와의 의리 따위는 생각지 않는 사람도 있다. 그러니 사람과 사귐도 쉬운 것만은 아니다.

지자자지(知者自知) 인자자애(仁者自愛), 자신을 안다는 것이 참다운 앎이요, 자신을 사랑하는 것이 참으로 좋은 사람이라고 해석한다면 내가 나를 안다는 것이 가장 중요하다. 나를 알아야 남을 알기에 다툼은 자신을 초라하게 할 뿐이다.

분서갱유(焚書坑儒)

'서적(書籍)을 불태우고 학자들을 땅에 묻는다'는 섬뜩한 말이다. 이런 고사성어를 비유하여 사용하는 정치인이 있어 의아하기도 했다.

'분언갱알', 즉 언론을 불태우고 알 권리는 땅에 묻는다라는 말이다.

이번 기자실 통폐합(統廢合)조치와 관련해 이를 법적으로나 제도적으로 막는 데 최선을 다하겠다는 말로 안다.

'알 권리', 민주주의의 언론의 자유라는 것은 참으로 좋은 제도다. 나는 그 고사성어의 뜻을 알기에 그런 섬뜩한 표현도 자유로이 할 수 있는 세상이니, '알 권리'의 아는 것을 말할 수 있는 권리가 내게도 있으니 그 고사성어의 내용을 아는 대로 적어보자. 분쟁이나 평은 당사자들의 몫이고 있는 대로 말하면 될 것 같다.

"학자들의 정치 비판을 금하기 위하여 시서육경(詩書六經)을 불태우고 유학자(儒學者) 460명을 생매장한 일."

그 내용은 중국 전국시대 때 천하를 통일하고 봉건제도를 폐지하고 중앙집권제를 이룩한 진나라 시황제(始皇帝)는 스스로 황제가 되어 그 자위를 자손만대에 전하리라는 꿈을 품게 되었다.

통치 34년 어느 날, 그는 문무백관을 한자리에 불러 큰 찬치를 베풀었다. 그때 박사 순우월이 황제에게 고했다.

"은나라와 주나라가 천년동안 왕위를 유지할 수 있는 것은 왕족이나 공신들이 황실을 병풍같이 둘러싸고 앉아 보필하였기 때문입니다. 그런데 황제께서는 지방분할제도를 택하였기 때문에 왕족이라 할지라도 일개 백성에 지나지 않으니 앞으로 왕실을 감싸줄 세력이 없으니 어찌 왕실을 보전하겠습니까. 옛일을 돌이켜 모든 일에 있어 지나간 역사를 비추어 보건대 국가의 안전을 얻었던 예가 없습니다."

이렇게 황제가 택한 제도에 불만을 표명하였다. 이 말에 군현제도의 초안자이며 개혁자인 이사(李斯)가 반박(牛拍)하여 말했다.

"천하가 어지러워졌는데도 이를 통일할 인물이 없어 도처에서 제후들이 엎치락뒤치락 세력을 다투어 부질없이 다투어 싸움만 되풀이하였기 때문입니다. 그러나 이제는 혼란한 천하도 통일되고 안정된 평안한 세상임에도 불구하고 배운 학식만 떠받들어 정부를 비방하고 자기문하에 많은 도당(徒黨)을 거느려 은근히 세력을 확보하는 자가 있습니다. 이런 자들을 방치하면 왕권을 손상케 할 뿐 아니라 뒷날에 화근을 남기게 되니 사민필수(四民必須)인 의약(醫藥)과 복술(卜術), 농경(農耕), 그리고 진 나라의 기록(記錄)을 제외한 모든 글들 즉, 시서(詩書)에서 제자백가(諸子百家)에 이르기까지 모든 서책을 불태워 없애버리기 바랍니다. 그리고 앞으로는 시서(詩書)를 논하는 자가 있으면 사형을 시킨 뒤 시신을 군중에게 구경시키는 형벌에 처해 옛일을 빗대어 비방하는 자는 그 일족을 모두 참하며, 글과 서적을 불사르지 않는 자가 있으면 살가죽 속으로 먹물을 넣어 표시하여 부역시키도록 명하여 주십시오."

이런 소름 끼치는 무서운 이야기이다.

이런 말에 귀가 솔깃한 시황제는 닥치는 대로 서책을 불태웠다. 이는 진시황제의 기(記)에 나오는 이야기지만 독일 히틀러가 자기 야욕을 채우기 위해 자기 비위에 맞지 않는 서책은 모두 불구덩이에 쓸어 넣게 했다.

분서(焚書), 책을 태움. 이는 인간문화에 대한 반역(反逆)이다. 영웅적 활동으로 진나라를 일으키고도 늙은 간웅(奸雄)에게 귀를 기울이고 불로장생하려고 안간힘을 다했으나 노쇠(老衰)해가는 심기를 조바심하여 신선술(神仙術)에 빠져 방사(方士)와 요술쟁이들을 주위에 마구 불러들였다.

그중 노생(盧生)과 후생(候生)이라는 자들이 황제에게 아첨(阿諂)하여 온갖 호사를 누리고 재물을 빼돌려 함양성을 빠져나간 다음 황제를 욕설 비방하였다. 이런 소문이 퍼지자 조정을 비방하는 학자들이든 아니든 마구 체포하여 한 구덩이에 산 채로 잔인하게 생매장해 버렸다고 해서 갱유(坑儒)라 한다.

책을 불태우고 유교학자들을 생매장한 분서갱유의 혹정(酷政)은 인류역사상 유래가 없는 정치로서 나에게 많은 것을 알게 해준 고사성어이다.

이런 글귀는 아주 오래 전부터 알고 있으나 사용할 곳이 없어 한 번도 사용해 보지 못한 그것을 서슴없이 사용하여 주목을 끌게 한 정치인이 있다. 참으로 글이란 다 사용할 곳이 있기에 학식이나 지식이나 그런 것을 배워두면 쓰이는 곳이 있다는 것을 다시 확인했다.

좋은 글이나 흉측한 글이나 말도, 그 활용도 역시 무궁무진한 것 같다.

조적은 벽돌을 쌓아 올리는 것을 말한다. 일정한 크기의 벽돌을 쌓아 올려서 아름다운 집을 짓는다.

깨지고 귀퉁이가 떨어져나간 것은 쓸모가 없어도 버리지 않는다. 모서리나 틈을 메울 때 그것들도 꼭 필요할 때가 생기면 제 역할을 할 때가 있기 때문이다.

이렇게 소용될 수 있는 것이 글들이다.

무병무우(無病無憂)

병도 없고 근심도 없는 무탈한 날들을 보내다 때만 되면 나타나는 철새 같은 얄미운 사람들도 늘고 있다. 근심과 걱정을 끼치는 철새들, 이들 철새가 강남으로 돌아갔다가 다시 찾아와 행운의 제비가 되어 복을 가져다주면 좋으련만, 북쪽으로 갔다가 돌아온 기러기인지 천둥오리인지 알 수 없는 많은 무리의 조류들이 어김없이 나타난다. 그런데 가금류(嘉禽類)의 아름다운 철새들도 집에서 기르는 가축에게 희망보다 조류독감이라는 무서운 바이러스를 옮기는 놈들도 있으니 조용한 세상을 온통 오염시키려고 하는 무리도 있을 것 같아 걱정이다.

나도 문자를 만들어 써보자.

'분균갱금(焚菌坑禽)', 바이러스 같은 균은 불태우고 오염된 날짐승은 땅에 묻는 살 처분한다는 이런 말을 나도 한 번 해보면 어떠한 반응이 일어날까?

조류독감이나 광우병(狂牛病) 같은 무서운 병으로부터 우리를 보살펴 줄 유능한 왕이 과거에는 있었던 것도 같은데 그런 왕이 재림(再臨)할 때가 올지도 모르니 기다려 보자.

분서갱유(焚書坑儒)－분언갱알－분균갱금(焚菌坑禽)….

다음은 누군가가 댓글을 써주길 바라지만 말 많고 평 많고 억측도 많으니….

병균(病菌)에 감염되어 전염성이 있는 가축들은 아깝지만 불태우고 살 처분하여 땅속에 묻을 수밖에 없다.

균(菌)은 식물에 속하는 단세포생물을 두루 이르는 말이다. 땅속, 물속, 공기 중에, 그리고 생물체의 몸속에 널리 분포하여 있고 종류도 많다. 이들은 다른 것에 기생하여 부패(腐敗)시키거나 발효시켜 병을 일으키기도 하는 병균, 세균(細菌), 병원균(病原菌)도 있고 우리 몸에 유익한 곰팡이 균도 있다. 균을 박테리아라고 한다.

이런 세균을 배양 증식시켜 백신을 만들어 치료 예방제로 사용하기도 한다. 그리고 컴퓨터에서도 적용하는 말로 바이러스라 하여 프로그램이나 실행 가능한 부분을 변형시켜 컴퓨터 작동에 피해를 주는 것을 뜻하는 용어로도 쓴다.

균이란 미생물이다. 육안의 가시(可視)한계를 넘어선 0.01mm 이하 크기의 생물로 단세포(單細胞) 또는 균사(菌絲)로 이루어진 생물이며 바이러스도 이에 속한다.

이들 세균은 음식물을 부패시켜 식중독을 일으키기도 하고 물체를 분해하여 청소부 역할을 하기도 하며 수질, 토양, 지력 보전에 미생물을 이용하기도 한다.

유산균이나 식중독에 관련된 O-157균, 헬리코박터, 그리고 virus는 세균보다 작아 세균여과기로도 분리할 수 없고 전자현미경(電子顯微鏡)을 사용하지 않으면 볼 수 없는 작은 입자(粒子)로 된 미생물이다.

원생동물(原生動物), 원충(原蟲)이라고도 한다. 바닷물이나 민물 속에서 썩고 있는 유기물이나 식물에서도 살며 동물에 기생하는 것으로 1개 세포로 된 단체(單體) 또는 군체(群體)를 이루고 현미경적 크기는 3~300마이크로의 생물체이다.

하등식물(下等植物)은 체제가 간단하고 진화정도가 낮은 식물을 총칭한다. 이끼류(소태류,蘇苔類), 조류(藻類), 균류 등 관다발이 없는 식물이다. 식물 중 진화정도가 낮고 구조 자체가 간단하며 습하고 그늘진 곳에서 자란다. 포자식물도 하등식물에 속한다.

이와는 다르게 관다발이 있는 식물은 양치식물과 종자식물 또는 고등식물(高等植物)이라 하며 뿌리, 잎, 줄기의 세 부분을 갖추고 있어야 꽃이 피고 열매가 맺는 식물이다. 보통 꽃식물을 이르나 양치류 같이 구조가 복잡한 것을 이르기도 한다.

마고(蘑菇)는 버섯이다. 산이나 들 그늘진 땅속 혹은 나무에 돋아나는 하등식물(下等植物)로 영양기관인 균사체(菌絲體)로 번식하는 식물로 식용, 약용, 그리고 독버섯으로 구분되며 종류도 다양한 이끼류의 식물이다.

버섯의 효능은 영지버섯을 만능버섯이라고도 하며 예로부터 불로초라 하여 한약제로 쓰이고, 상황(桑黃)버섯은 뽕나무에서 나는 버섯으로 항암, 당뇨, 면역효과가 큰 약제로 사용하며, 동충하초(冬蟲夏草)는 균체가 곤충에 침투, 잠복하여 겨울을 보내고 여름이 되면 곤충 자체에서 영양분을 흡수, 표피에서 자실체를 형성하여 자라나는 신비의 명약이라 한다. 한마디로 요약하면 곤충에 침투한 곰팡이균이 버섯으로 형성한 것이다. 그 대표적인 것이 누에에 기생하여 형성된 것으로 배양하여 대량생산된다.

잠충(蠶蟲)은 누에다. 누에나방의 유충이 뽕잎을 먹고 자라면서 네 번 잠을 자고, 네 번 탈바꿈 한 후, 고치를 짓고 나방이 되어 고치를 뚫고 나와 알을 난 다음 죽는다. 이런 변화로 섬유질인 실을 얻어 명주(明紬) 비단을 얻어 이를 'Silkworm'이라 한다.

이렇게 뽕나무는 그 영양가가 탁월한 식물로 그것을 먹고 자란 고담백질 덩어리인 누에를 동결시키거나 분말로도 만들고 동충하초나 상황버섯도 배양 발육시킨 우수한 약제라 하지만 효능은 알 수 없으나 분균(焚菌)이라는 단어를 새로 사용하려다 동문서답하며 길을 잃고 미궁 속을 헤매고 있다.

식자우환(識字憂患), 글을 아는 것이 걱정이 될 때가 많다. 알려면 확실하게 알아야한다. 선무당이 사람 잡는다고 알지도 못하면서 아는 척하다가는 망신당하기 쉽다.

아무리 아는 대로 이야기한다고 하지만 말을 하다보면 뜻하지 않게 상대에게 말려들어가 처음 주제와는 전혀 다른 논쟁에 휘말릴 때가 있다.

지금 내가 그런 속에서 헤맨다. 새로운 단어가 나오니 그것을 좇다보니 생각지도 않은 곳으로 와버렸으니 되돌아갈 길이 없다. 그러니 돌고 돌아서 가는 대로 갈 뿐이다.

짧은 인생, 긴 여로라 했다. 이런 말을 하면서도 무엇이 어떻게 짧고 긴 것인지 꼬집어 설명할 수 없다.

인생(人生)과 예술(藝術)

"Art is long, life is short."

"예술은 길고 인생은 짧다"라고 했다.

세상살이가 힘들다는 말들을 많이 하고 산다. 그리고 한수를 더 보태어 무서운 세상이라고도 한다.

과거 '정다운 이웃, 다정한 친구와 오순도순…' 하던 말들은 어디로 자취를 감추었고 짧은 인생여로가 무섭고 길다고 한탄을 하며 살아간다.

옛날에는 제일 무서운 것이 호랑이라고 했다. 그러나 이제 호랑이는 더 이상 무서운 존재가 아니다.

세상에서 가장 무서운 것, 독(毒)한 것은 흑전갈의 독이라 한다. 그러한 독사의 독과 전갈의 독을 썩힌 것보다 더 독한 것이 사람의 마음이라고도 표현하기도 한다.

그렇지만 사람의 마음보다 더 부드럽고 감미로운 것도 없다. 온화하고 자애로운 것, 다 주어도, 빼앗겨도, 서운한 마음도 없이, 더 주지 못해 안쓰러워하는 것이 부모의 마음이다. 그런 모성애도 내게는 아주 오래된 과거의 아련한 것이지만, 지금도 아내가 자식들에게 대하는 정성을 보면 세상 모든 것이 다 변한다 해도 모성애(母性愛)의 그 진심은 변하지 않을 것 같아 보인다.

그것을 눈으로 보지 않고 마음으로 보았기에 본 대로 이야기하고 싶으나 표현력이나 글재주가 그에 미치지 못하니 안타깝다.

좋은 이야기, 좋은 말들을 여러 사람에게 들려주는 것은 금은 보석을 주는 것보다 낫다는 말도 있지만, 내가 지금까지 한 말들이 얼마나 설득력이 있을지 걱정도 된다.

그러나 믿을 수 있는 것은 믿자. 그리고 의심스러운 것은 의심하면 된다. 이런 것이 인간의 참다움이 아닌가?

말하고 싶다고 항상 다 말하고, 말하기 싫다고 늘 침묵함도 옳은 것이 아닌 것도 같다. 다만 경우에 따라 침묵도 참견도 하면서 사는 것이 진정한 세상을 사는 것이라 이야기할 수 있을 것 같다.

의심(疑心)을 가지고 의심을 해결하려고 하지 말자. 믿는다고 그 믿음을 앞세우지도 말자. 악평도, 호평도 도가 지나치면 눈으로 보고 마음으로 생각해도 바르게 보이지 않으니, 보고 느낀 대로라는 말도 바른 이야기가 아니다.

마음으로 본 이야기

마음의 눈이라는 말이 있다. 눈으로 보면 겉모습만 보일 뿐 속을 볼 수 없으니 보고도 알 수 없는 것이 사람의 마음이다.

이렇듯 보고도 모르니 추측할 수밖에 없고 직접 겪어봐야 그 실체를 알 수 있다. 음식도 먹어봐야 맛을 알듯이 삶도 살아봐야 알 수 있다는 것을 깨달았다.

나의 마음을 열면 눈을 감아도 창밖이 보인다. 이제는 보지 않아도 사물이나 경관이 보인다. 아름다운 꽃이지만 그 속에는 가시도 숨겨져 있고, 꽃가루나 향기 속엔 독소도 들어있어서 알레르기를 일으키는 것도 알고 있다.

이제는 눈으로 사물을 보고 평하지 말자. 마음으로 보면 그 속속들이 알게 되는데 그때 말을 하자. 그러면 옳을지도 그를지도 모르지만 평범한 이야기를 할 수 있는 평범한 삶이라 할 수 있다.

“베토벤(Beethoven)은 독일에서 태어났으며 악성(樂聖,음악의 성인)으로 불리는 역사상 최고의 작곡가이며 수많은 명곡을 남겼다.

그가 작곡한 영웅, 운명, 합창, 전원 등으로 이름 붙여진 교향곡(交響曲)과 피아노 소나타 월광, 그리고 피아노 협주곡인 황제가 떠오른다.

1818년 청각을 거의 상실하여 교향곡 6번부터는 듣지도 못하는 상태에서 작곡을 했다. 초기 1, 2번 교향곡은 하이든과 모차르트의 영향을 받았으나 3번부터는 독특한 개성을 발휘하여 음률을 듣지 못해도 마음에서 우러나오는 자작의 곡을 만들었다.

이런 곡이면 누구나 흡족히 여길 자신감을 가진 것은 진실한 마음으로 만들었기에 가능할 수 있을 것 같다. 베토벤 교향곡 6번이 '전원 교향곡'이라는 것을 알고 있는 것이 내가 아는 베토벤 교향곡이다.

'운명 교향곡'의 제목처럼 운명의 베토벤은 들을 수도 없는 최악의 상태에서 불후의 작품을 남긴 음악계의 마술사이다.

실낙원(失樂園)은 '낙원을 잃어버렸다'로 해석하는 것이 내 실력이다. 7세기 영국의 시인 존 밀턴의 12권에 이르는 장편의 서사시(敍事詩)이다. 창세기를 소재로 아담과 이브의 타락(墮落)과 낙원 추방을 묘사했다. 1~2권은 불굴의 투지와 영웅적인 기개를 보여주는 사탄과 그 무리들, 4~6권은 낙원의 축복, 천지

창조, 천사 라파엘의 묘사, 9~10권은 타락 후 사탄과 아담과 이브에게 찾아온 저주와 고통, 11~12권은 인류 역사와 구원에 대한 희망으로 이루어져 있다.

실낙원의 주제가 사탄의 유혹에 패배한 아담과 이브의 낙원 상실이라면, 복낙원(復樂園)은 제2의 아담으로 불리는 예수 그리스도가 사탄의 유혹을 이기고 인류에게 상실한 낙원을 회복시켜준다는 것을 주제로 한 작품이다.

존 밀턴의 실낙원은 기독교적 시각에서 인간의 원죄(原罪)를 다루고 있고, 20세기 일본의 소설가 와타나베 준이치가 쓴 같은 제목의 소설 실락원은 남녀의 사랑이야기를 다루고 있다.

내가 지금 베토벤의 교향곡이나 실낙원의 존 밀턴을 소개하는 것은 음악이나 소설 그리고 서사시를 이야기하려는 것이 아니다. 베토벤은 청력(聽力)을 잃었고, 존 밀턴의 54세에 눈의 시력(視力)을 완전히 잃고 인생의 고뇌(苦惱)와 고통, 패배(敗北), 가정의 불행, 정치적 불행, 앞을 보지 못하는 육체적인 실패, 실명으로 이어진 삶이었다. 그런데 이런 실패와 고난을 신앙으로 극복하여 그의 인생을 승리로 역전시킨 최대 걸작품(傑作品)인 실낙원과 복낙원 같은 웅장(雄壯)한 서사시를 탄생시켰다. 이것은 마음으로 보고 느낀 것이기에 지금 내가 마음으로 본 세상 사는 이야기라 함은 과거를 둘러보고 현실을 바라보니 앞으로 내가 보아야할 모든 풍경을 마음속에 그릴 수가 있다. 가보지 않아도 보이는 것 같으니, 마음으로 보는 세상 사는 이야기, 마음으로 보는 여행 속으로 떠날 수 있을 것 같다.

유치인무치법(有治人無治法)

다스림이란 사람의 힘에 의해서이지 법에 의한 것이 아니다. 그러니 사람 스스로 마음을 다스려야 한다. 내가 살아오면서 많은 사람과 접촉하며 살았다지만 그 마음은 확실히 알지 못했다.

믿음도 불신도 그 깊이라는 것이 얼마인지 알 수가 없다. 그러기에 그 사람을 알려면 그와 친하게 사귀는 사람이 어떤 사람들인가를 유심히 살펴보면 짐작할 수 있다고 한다.

나는 여러 가지 일들을 겉으로 보지 않고 마음으로 보려고 한다. 속 다르고 겉 다른 것이 어찌 사람의 마음뿐이랴마는 그래도 마음이라는 것이 외모의 표정으로 드러나게 되는 것이니 감추려 해도 보면 어느 정도 알 수 있다.

무표정한 딱딱함보다 밝은 표정으로 살자.

산소(酸素, Oxygen)

산소 같은 사람이라는 말이 있다.

오늘은 산소 같은 친구들과 같이 청계산(淸溪山)을 찾았다. 산세가 수려하고 계곡이 깊고 항상 맑은 물이 흘러서 서울시민의 젖줄인 이곳이 성남 수정구, 경기의 과천 의왕시에 이르는 큰 산으로 관악산과 함께 서울을 지켜주는 좌청룡 우백호의 명산으로서 호젓한 산장에서 점심 식사를 같이했다.

다들 정다운 친구들이다. 그 중에 산소 같은 소박한 친구가 있어 그를 '산소 같은 귀남아(貴男兒)'라 부른다.

맑은 공기, 좋은 친구, 울창한 숲을 바라보며 그 속에서 발생하는 청정의 산소가 있는 이곳이 지금 몸살을 앓고 있다.

아직 해결되지 않은 사건이고 시끄럽게 한 곳이기도 하지만, 그보다도 곳곳에 살벌하게 널려있는 플래카드 "웬 말이냐. 어쩌란 말이냐!"라는 구호가 요란하다.

'화장터' 하면 좀 불결한 단어지만, 이런 것들은 이곳 청정지구에 혐오(嫌惡)시설을 설치하려는 당국과 설치를 적극 반대하는 주민들과의 마찰이 끊이지 않는 곳이다.

혐오시설이지만 꼭 설치할 수밖에 없고 이를 저지하려고 무분별하게 설치한 혐오스런 글들, 이런 심각한 견해차를 어떻게 해결할지 심히 난처한 문제인 것 같다.

과거 회사에 근무할 때 직원들과 이곳으로 등산을 오기도 했다. 20여 년이 지난 지금, 너무 많은 인파에다 혐오시설물까지 들어온다 하여 더욱 몸살을 앓게 되니 가슴 아프다.

울창한 숲과 계곡, 맑은 물을 찾아 오늘도 이곳에 왔으나 언제 다시 또 올지 모르지만 다음 올 때는 어지러운 플래카드도 없고 혐오시설도 깔끔한 현대식으로 만들어 다같이 즐길 수 있는 그런 청계산을 보았으면 하며 아쉬운 하산을 했다.

산소는 무색, 무취, 무미의 기체이다. 지각에 존재하는 화합물로서 대기 중 부피의 21% 정도로 사람이나 동물들이 산소를 흡수하고 이산화탄소를 방출한다.

지각이나 대기권 하층부에 있는 산소 기체는 대부분 2원자분자인 O2이며, 오존이라고 하는 3원자 분자인 O3와 단원자 분자인 O는 대기권 상층부에 존재한다.

이런 고마운 산소를 대기 중에서 액화법이나 분별 증유법으로 얻어 산업용으로 취급하는 친구 '산소 같은 귀남아'와 함께 청계산에서 인생을 논한 그곳이 추억으로 남을 것 같아 이런 이야기도 써보았다.

화룡점정(畵龍點睛)

어떤 일의 마지막 안목(眼目)이 될 만한 것, 마지막 손질하는 것을 가리키는 말로 쓰인다.

용을 그리고 눈을 빠트렸다고 해서 전체적으로 잘 되어 있으나 가장 중요한 데가 부족한 것 같다는 말로도 쓰인다.

지금 내가 마음으로 보고 있는 지나간 세월들, 현재 일어나는 사건들, 앞으로 닥칠 알 수 없는 날들을 이야기한다는 것은 많은 안목이나 경험이 있는 것도 아니고, 좁은 편견으로 많은 이야기를 하고 나니 손질할 곳이 너무 많다. 화룡점정의 뜻과 같이, 다 그리지 못한 용의 눈같이 빠진 부분을 손질할 곳이 너무 많다.

중국 양(梁)나라 장승유라는 사람이 관리로 높은 지위까지 올라 이름을 떨치게 한 것은 그의 그림 솜씨의 덕이라 한다. 그는 한 자루 붓으로 산수도(山水圖)든 불화(佛畵)든 어떠한 것이든 살아있는 것처럼 그려내는 대 화가인 까닭이다.

그런 그에게 금능의 불낙사로부터 용의 벽화를 그려달라는 부탁을 받고 그 절의 벽에다 두 마리의 용을 그리기 시작했다. 뭉클거리는 구름을 뚫고 막 하늘로 오르려는 두 마리의 용을 그렸는데, 그 용의 눈꺼풀만 있고 눈동자가 없는 것을 보고 많은 사람들이 왜 눈알을 그리지 않았느냐고 하며 눈동자를 그려 달라 하였다.

'눈알을 그려 넣으면 용이 벽을 뚫고 하늘로 올라가 버릴 텐데…'하니 사람들이 설마 그럴 수가 있을까, 하며 그려 넣어 달라 때를 썼다. 장승유는 할 수 없이 두 마리 용 중 한 마리 용에게 눈을 그려 넣고 붓을 떼는 순간 벽 속에서 광풍의 번개가 치며 "으르릉 쾅쾅!" 천둥소리를 울리며 괴용(怪龍)이 벽 밖으로 튀어나와 하늘로 올라갔다. 이런 엄청난 사건을 목격한 사람들은 정신을 차리고 벽을 바라보니 한 마리용만 남아 있었다는 유래가 있다.

눈을 그려 넣는 것을 점안(點眼)이라 한다. 불가에서 부처님의 그림을 그리고 마지막에 눈동자를 그려 넣는 것을 점안식(點眼式)이라고 한다.

점안식은 사귀(邪鬼, 간사한 귀신)가 붙지 못하게 주문을 읽고 불상의 눈동자를 찍는 작업이지만 초상화나 호랑이 그림을 그리고 맨 나중에 눈동자를 그려 넣는 것도 점안이라 한다.

지금 내가 쓴 세상 사는 이야기는 명문도 명작도 아니다. 고치려 해도 어디를 어떻게 고쳐야 할지도 알 수 없고 고쳐본들 오히려 어색할 것 같으니 이만 마침 점을 찍고, 다음 4권인 '마음으로 보는 여행'을 떠나려고 한다.

기대할 것도 준비할 것도 없지만 지나간 세월 속에서 보고 들었던 많은 것들을 마음속에서 보이는 대로, 떠오르는 대로, 글로 적어가면 될 것 같다.

그러나 눈으로 본 것을 마음으로 정리하는 여행이 즐겁거나 아름다운 여행만은 아닐 것 같은 생각이 들지만 그 길을 따라서 마음이 가는 대로 가려고 한다.

- 끝 -